档案管理信息化建设研究

丁 夕◎著

吉林出版集团股份有限公司
全国百佳图书出版单位

图书在版编目（CIP）数据

档案管理信息化建设研究 / 丁夕著 . -- 长春 : 吉林出版集团股份有限公司 , 2023.4

ISBN 978-7-5731-3276-5

Ⅰ.①档… Ⅱ.①丁… Ⅲ.①档案管理 – 信息化建设 – 研究 Ⅳ.① G270.7

中国国家版本馆 CIP 数据核字 (2023) 第 085033 号

档案管理信息化建设研究

DANGAN GUANLI XINXIHUA JIANSHE YANJIU

著　　者	丁　夕
责任编辑	蔡大东
封面设计	李　伟
开　　本	710mm×1000mm　　1/16
字　　数	200 千
印　　张	11.5
版　　次	2024 年 1 月第 1 版
印　　次	2024 年 1 月第 1 次印刷
印　　刷	天津和萱印刷有限公司

出　　版	吉林出版集团股份有限公司
发　　行	吉林出版集团股份有限公司
地　　址	吉林省长春市福祉大路 5788 号
邮　　编	130000
电　　话	0431-81629968
邮　　箱	11915286@qq.com
书　　号	ISBN 978-7-5731-3276-5
定　　价	69.00 元

版权所有　翻印必究

作者简介

丁夕，情报学硕士，2021年毕业于中国人民大学。现为北京外国语大学档案馆、校史馆馆员。工作期间在《兰台世界》《办公室业务》等期刊上发表论文7篇；申报立项校级基本科研青年项目1项、北京市高等教育学会课题1项。

前　言

档案是社会发展状态的储备器与温度计，对一个社会各方面的信息进行了较为精准的反映与预测，从中可以观察到一个社会大致的发展脉络及未来发展趋势。随着信息技术的快速发展，人们对档案管理及其信息化范畴的问题也越来越关注，相关研究者对这一领域诸多问题的研究越来越多。

随着信息技术的发展，计算机和互联网在生活中运用得越来越多，社会生活的诸多领域都变得越来越数字化、信息化、智慧化，这些变化对宏观经济发展起到促进作用，给人们的生活、工作带来了天翻地覆的变化。如今，众多行业和领域都在5G技术的引领下，向着更广泛信息化、智慧化阶段跃升，更高水准的生产效率、生活质量等必将成为现实，更高水平的档案管理也势必会让人耳目一新。这是因为我国档案部门已对于自身的发展明确了方向，档案管理信息化、智慧化建设工作必然要与社会同步发展，顺应社会各界对档案管理的需求。所以，信息化、智慧化的档案管理应运而生，成为左右我国档案管理建设的关键影响因素。随着档案资料种类、数量的不断增加，信息化、智慧化档案管理已成为档案管理部门进行档案管理的重要发展趋势和必要途径。如此，才能让档案管理工作变得越来越简洁和高效，特别是当管理人员要对档案信息进行调阅使用时，才会更为快捷准确地找到相关信息资料，不会付出过多的时间和精力。为此，档案管理必须从信息化、智能化等环节进行建设。

档案管理工作有较高的专业性和政策性要求，档案工作者的综合素质是影响档案工作质量的关键因素之一。随着社会经济特别是信息技术的快速发展，无论是工作实践还是理论研究，档案工作领域的变革都是十分深刻的。面对这一变革，档案工作者必须适应，在工作过程中，坚持科学发展观，更新观念，与时俱进，创造性地开展工作。树立服务、开放、竞争、发展意识，通过新的管理模式、积极进取的思维方式对档案工作进行激活，让档案贴近服务现实和社会，不再处于封闭状态。应当懂得如何用理论联系实际，在日常工作中，积极探索档案工作新途径、总结新经验。

本书共分为七章，第一章为档案与档案管理，分别介绍了档案的概念与分类、档案的作用与价值、档案的特点与内容、档案管理的基本要求。第二章为档案信息化管理概述，阐述了档案信息化管理的理论基础、档案信息化管理的发展历程、档案信息化管理的发展战略与规划、档案信息化管理的途径与过程、档案信息化管理的步骤。第三章为档案信息化管理的实施方法与策略，介绍了档案信息化管理的原则与方法、档案信息化策略的实施措施。第四章为档案信息化管理的基础设施建设，论述了网络基础设施、数字化设备、数据存储设备与数据备份。第五章为档案信息化管理的信息资源建设，介绍了档案信息资源的集聚与整合、档案信息的数字化、档案数据库的建设。第六章为档案信息化管理的保障体系建设，包括宏观管理保障体系、标准化规范保障体系、信息安全保障系统、人才队伍保障体系、信息技术保障体系。第七章为档案信息化管理的创新探索，论述了多载体档案统筹管理、文件档案一体化管理、档案资源多元化利用。

本书力求理论观点清晰新颖，实践论述详尽实用，努力做到理论与实践的有机结合，体现出最新的研究方向和成果。本书力图结构严谨合理，语言通俗易懂，便于读者阅读和理解。希望对教师教学、学生学习和相关专业人士研究有一定的借鉴意义和价值。

在成书的过程中，作者得到学院领导及同仁的大力支持和帮助，他们提供了很多资料、书籍和有价值的观点意见。作者参考了大量文献和专著，引用部分专家、学者的观点，在此表示感谢。由于写作水平有限，书中难免有疏漏和不妥之处，望广大读者批评指正。

丁夕
2023 年 1 月

目　录

第一章　档案与档案管理 ·· 1
　　第一节　档案的概念与分类 ·· 1
　　第二节　档案的作用与价值 ·· 3
　　第三节　档案管理的特点与内容 ·· 6
　　第四节　档案管理的基本要求 ·· 8

第二章　档案信息化管理概述 ··· 11
　　第一节　档案信息化管理的理论基础 ··································· 11
　　第二节　档案信息化管理的发展历程 ··································· 13
　　第三节　档案信息化管理的发展战略与规划 ····························· 17
　　第四节　档案信息化管理的途径与过程 ································· 36
　　第五节　档案信息化管理的步骤 ······································· 43

第三章　档案信息化管理的实施方法与策略 ································· 53
　　第一节　档案信息化管理的原则与方法 ································· 53
　　第二节　档案信息化策略的实施措施 ··································· 55

第四章　档案信息化管理的基础设施建设 ··································· 59
　　第一节　网络基础设施 ··· 59
　　第二节　数字化设备 ··· 63
　　第三节　数据存储设备与数据备份 ····································· 73

第五章　档案信息化管理的信息资源建设 ·········· 83
第一节　档案信息资源的集聚与整合 ·········· 83
第二节　档案信息的数字化 ·········· 90
第三节　档案数据库的建设 ·········· 108

第六章　档案信息化管理的保障体系建设 ·········· 115
第一节　宏观管理保障体系 ·········· 115
第二节　标准规范保障体系 ·········· 119
第三节　信息安全保障体系 ·········· 124
第四节　人才队伍保障体系 ·········· 136
第五节　信息技术保障体系 ·········· 142

第七章　档案信息化管理的创新探索 ·········· 151
第一节　多载体档案统筹管理 ·········· 151
第二节　文件档案一体化管理 ·········· 156
第三节　档案资源多元化利用 ·········· 163

参考文献 ·········· 175

第一章　档案与档案管理

档案真实记录着历史的发展，对文明进行传承，是社会发展的载体。本章为档案与档案管理，主要对四方面内容进行阐述，分别是档案的概念与分类、档案的作用与价值、档案管理的特点与内容、档案管理的基本要求。

第一节　档案的概念与分类

一、档案的概念

在《档案工作基本术语》中，是这样定义档案的："国家机构、社会组织或个人在社会活动中，直接形成的、有价值的、各种形式的历史记录。"

对上述档案定义可从四个方面加以理解：

（一）产生档案的主体和来源

个人和各类社会组织、国家机构是产生档案的主体，表现出多元性的特点。由于主体不同，产生了档案的不同，所有权分别属于国家、集体、私人（个人、家庭、家族）所有。从来源看，档案产生于不同主体所从事的不同的社会活动，档案内容的丰富性和档案来源的广泛性，以及一定内容和来源的档案材料之间的有机联系，都取决于复杂的社会实践。

（二）档案来源于文件

这里的"文件"是指广义上的文件，即组织或个人为处理事务制作记录信息的一切材料。档案是由文件材料有条件地转化而来的，只有使用或办理完毕、具备参考利用价值、经过系统整理的文件才能转化为档案。

（三）档案的形式

就载体角度而言，档案的形式有纸质、简牍、缣帛、金石、甲骨等；就制作手段而言，档案的形式有录像、录音、摄影、复制、印刷、笔写、刀刻等；就表现方式而言，有声像、图表、文字等。

档案的形式对于档案的形成、保存和管理都有重要影响，档案工作者应根据不同形式的档案特点采取相应的科学管理方法。

（四）档案的本质属性

档案这种历史记录是直接形成的，属于原始文献，能够对历史的真实面貌进行再现。档案以"原始记录性"为本质特性，是其独一无二的特性。

与一般历史遗物相比，档案有所不同，其是一种历史记录物，通过具体内容对人物的特定活动或形成机关进行反映，记录性非常强。与一般文献资料相比，档案也有所不同，其并非另外收集的资料或者事后编撰的资料，是特定的形成者当时直接使用的原始文件的转化物，原创性非常强。

正是由于档案具有原始性、记录性的鲜明特点，才能明确区分开历史文物、信息载体和其他文献资料。

我们准确把握档案本质属性，对后面更好地就档案形成的规律进行分析，继而依照其特点展开科学管理，将档案和其他文献资料的关系妥善处理，是大有裨益的。

二、档案的分类

人们对档案进行分类认识的活动，就会产生"档案的种类"的结果。一般而言，人们会采用多种不同方法、立足多种角度对档案进行分类认识，对档案认识更加全面。每一种方法、每一种角度所形成的种类概念，都有其特定的认识功能，能够对档案某一方面的问题进行解决，对档案某一方面的特征或属性予以揭示。

（一）按档案内容性质划分

1. 文书档案

它是反映党务、行政管理等活动的档案，是人类自我管理活动的记录。

2. 科技档案

它是反映科学技术研究、生产和基本建设等活动的档案，是人类面对自然进行科学研究、物质生产活动的记录，如测绘档案、观测档案、地质档案、产品档案、设备档案、基建档案、科研档案等。

3. 专门档案

它是反映专门领域活动的档案，是人类为实现特定职能目标从事的某些专业性活动的记录，如病历档案、社保档案、婚姻档案、税务档案、诉讼档案、公安档案、教学档案、人事档案、会计档案等。

以上按文书档案、科技档案、专门档案的分法，单从逻辑上看有其不够严密之处，但因其理论覆盖面广泛，仍然被当今中国档案界普遍使用。

（二）按档案的形成者划分

从档案的形成者角度，档案可以划分为如下类别：个人档案、机关档案、农村档案、事业单位档案、社会团体档案、军队档案、企业档案等。

（三）按档案的载体形式划分

按档案的载体形式划分，档案可分为甲骨档案、金石档案、简牍档案、缣帛档案、泥版档案、羊皮档案、纸质档案、机读档案、缩微档案、声像档案、电子档案等。

（四）按档案所属时期划分

按档案所属时期划分，档案可分为中华人民共和国成立前的档案、中华人民共和国成立后的档案。

第二节　档案的作用与价值

一、档案的作用

（一）机关工作的查考凭据

档案是由机关和社会组织等在过去的活动中形成的文件转化而来的，最初主要是为机关工作服务。档案记录和反映了机关和社会组织过去各方面活动的情况。

要保证工作的正常开展和延续性，就应该查考和利用档案。无案可查或有案不查，都会给机关工作带来困难。

（二）生产建设的参考依据

档案记载了各种生产活动的情况、成果和经验教训，反映了自然资源、生产条件、生产管理和生产技术等方面的信息，可以作为经济管理、各项生产的依据和参考资料。

（三）科学研究的可靠资料

只要是研究，其研究基础都是对资料的广泛分析，其研究前提都是资料的可靠性、真实性。档案在科学研究中，不仅能够通过原始记录对直接借鉴进行提供，还能通过大量观察、实验，借助概括的理论对间接参考进行提供。因此，对于科学研究而言，档案是必要条件。

（四）宣传教育的生动素材

档案相较于其他宣传材料，具有自身优势，如有着鲜明的生动性、原始性、具体性、直观性的特点。因此，倘若通过档案举办各种展览、开展文艺创作、进行报告演讲和著书立说等，将有着更为强大的感染力、说服力。

二、档案的基本价值

（一）档案的凭证价值

档案的凭证价值是指档案发挥证据作用的价值。档案的凭证价值密切关联于档案的原始性。档案之所以拥有凭证价值，是因为其自身特点和形成规律造成的。

从档案形成的过程与结果角度来看，档案转化自当时直接使用的文件，而非在需要使用的时候临时编造而出的，其对过去的历史情况进行客观记录，因而是历史证据，更是令人信服的历史证据。

从档案的物体形态来看，通过文件，我们能够看到保留下来真切的历史标记：体现原来形象的原声录音、录像、照片、个人或机关的印信，当事人的亲笔批示或者签署等。这些都成为日后争辩、研究、查考、处理问题的依据。

(二)档案的参考价值

档案的参考价值是指档案作为借鉴作用的价值。档案的参考价值与其记录性息息相关。档案既对历史活动的经过和事实进行记录,也对各种活动中人们的思想发展进行记录。

档案中有成功的经验和失败的教训,有思想观点和实验观察数据,有社会的变革和生产的发展,这些都可以为后来的人们提供借鉴,使人们在工作和学习中少走弯路,尽快达到目的。

三、档案发挥作用的规律性

(一)作用范围的递增性

"档案的第一价值"是指档案对机关的作用。"档案的第二价值"是指档案对社会的作用。档案在形成后的很长一段时间内,是企事业单位、机关工作活动的查考依据,不可或缺。档案发挥作用的范围、对象通常是档案形成者自身。在这一阶段,一般来说,档案有着较高的利用频率,是档案现实作用得以发挥的重要时期。我国档案室数量众多,它们是实现档案第一价值且为档案第二价值的实现奠定基础的重要场所。

当档案实现自身第一价值到一定程度后,形成机关利用这些档案的现实需要将渐渐淡化。档案在本单位得到若干年保管后,其作用就不再局限于原有的形成单位,会向社会、国家扩展,向第二价值过渡。

(二)机密程度的递减性

档案伴随人类社会活动而诞生,人们的部分活动与个人或国家的隐私、安全、利益有所关涉,所以,在一定范围内或者一定时间内不得公开。档案具有一定的机密性,这也要求人们应当在一定范围或时间内了解控制档案、阅读档案。档案在确定自身机密程度后,并非永远不变。伴随时间流逝,档案的机密程度会逐级递减。总的来说,档案的机密程度和保管时间成反比,机密程度呈现的趋势是递减的。

(三)作用的转移性

在科学文化领域内,档案发挥的作用是"科学文化作用";在行政领域内,档案发挥的作用是"行政作用"。伴随时间流逝,档案的科学文化作用将日益增强,行政作用将日益减弱。

从宏观档案领域来看,档案的科学文化作用和行政作用始终同时存在。不过,如果立足微观的、特定部分的档案角度,档案的科学文化作用和行政作用并非从始至终都均衡存在。文件是档案的前身,其旨在对现行事务进行处理。在文件向档案转化的初期,档案更多的是服务于立档单位,更多地作为业务活动的参考依据和查考凭据,对管理进行参与、对工作加以指导,实现自身行政作用。当时间不断流逝后,那些有着较长保存时间的档案会越来越少地联系现行事务,其发挥作用的主要方面和范围将产生变化。具体而言,其作用范围将向社会渐渐扩大,不再是业务活动的参考依据或主要工作的查考凭据,成为宣传教育的生动素材和科学研究的可靠资料,此时,档案起到了科学文化作用。

(四)发挥作用的条理性

档案的作用能否得到充分发挥与实现,受四个因素影响。一是受社会经济发展水平影响;二是受社会档案意识影响,社会档案意识是档案学中社会对档案带有普遍性的认识程度和个人对档案的具体认识;三是受档案利用实践影响;四是受档案管理水平影响。

第三节 档案管理的特点与内容

一、档案管理的特点

(一)档案资源积累过程的缓慢性

对于人类社会活动而言,档案是其历史记录。档案是伴随人们的实践活动逐步积累成的,其与图书资料不同,无法被大量印刷出版,不能实现广泛流通。大多数档案都属于"孤本",人们不能随意对其进行复制,特别是历史档案,较少能够流传至今。所以,相较于一般图书资料,档案更具珍贵性,在保管档案和利用档案的过程中,我们必须格外重视对其保护,这在无形间导致档案利用率降低。

(二)档案管理过程的阶段性

从档案流转程序来看,档案管理过程能够分为两阶段:档案室管理,档案馆管理。当档案身处不同阶段时,档案将发挥不同作用、服务不同对象,具有的价值也有所不同,因此有着不同的档案管理方式。

在档案室管理阶段,档案具有过渡性,主要为其形成单位所使用和控制,发挥凭证价值,为本单位日常工作查考所用。在档案馆管理阶段,档案更多地具有科学文化价值与历史价值,对其形成单位的作用与价值较之以往更低,进入永久保存时期。该阶段的档案管理工作,并非只服务于某个单位,应当对档案信息资源进行有意识开发,对档案进行主动提供,服务于整个社会的各项工作。

(三)档案管理活动对档案形成者的依附性

档案产生于其形成者的活动过程中,对形成者的成果、经验、观点和全部历史进行反映,包含了密切关联于其形成者利益的数据与事实。所以,历来由形成者拥有档案、控制档案,档案的价值也密切关联于其形成者。现如今,人们普遍采用的在档案整理过程中对档案来源联系进行保持的做法,是对上述内容的印证与说明。

档案依附于形成者,很难像图书资料被广泛传递、普遍交流,这也对档案管理活动的范围进行了一定限制。

(四)档案管理工作对社会的相对封闭性

档案与其形成者的切身利益有直接关联,同时,相当一部分档案与国家的技术机密、经济机密、军事机密乃至政治机密相关联。所以,通常来说,自档案形成之日起,会经历相当一段时间对外封闭期。唯有度过这段时期,档案才能够有选择地向社会开放。

档案利用与保管之间的矛盾正是由档案管理的封闭性造成的,在档案管理的全过程中都可见这种矛盾,同时,推动了档案管理工作不断向前发展。

二、档案管理的内容

档案管理的内容重点有两方面:一是管理档案资源,就是人们所说的"档案实体管理"；二是管理档案中包含的信息，就是人们所说的"档案信息组织"。档案实体管理内容包括保管、鉴定、整理、收集。通过建设档案资源，将合理、科学的馆藏体系建立起来，为档案现代化管理提供前提、奠定基础。档案信息组织方法包括综述法、分类法、文摘法、索引法、主题法等，就是揭示、加工、存贮档案中包含的信息内容，形成二次文献，为开发利用档案信息提供便利。

第四节　档案管理的基本要求

管理不同类型档案时方法不同，但基本要求相同。

一、完整性要求

档案管理以"维护档案完整"为基本原则。想要实现完整性要求，一要确保档案成分多样、数量齐全，避免那些应当得到集中保存的档案出现遗漏、分散的问题，对全宗群和全宗的完整加以维护；二要对档案间的历史联系尽可能保持，避免人为将其割裂分散。

二、安全性要求

档案这种历史记录是非常珍贵的，通常为孤本，档案年代越久远价值越大。然而，档案材料受自然和社会原因的影响，有时可能被破坏、损毁。所以，我们应当将档案的寿命尽可能地延长，对档案安全进行保护，防止泄露档案中的机密。在档案管理中，这是一项基本任务。

三、科学性要求

现代档案管理工作并非简单的出纳、保管档案，要求我们运用科学的方法和理论，对档案工作的发展规律加以遵循，科学开展档案管理活动，将档案管理视为复杂的系统，实现档案管理工作水平更高的目标。

四、规范性要求

"规范性"要求,就是档案管理的标准化要求。档案管理系统并非孤立的,档案管理系统和其他文献管理系统之间,不同档案管理系统之间,存在的联系是千丝万缕的,且向网络化发展。因此,我们应当统一协调、规划,形成规范化、标准化的档案管理工作,共享档案信息资源。应当对各种档案管理技术标准、业务标准进行制订与实施,也可以依托法律手段达到规范性要求。

五、经济性要求

在档案管理过程中,我们应当最大限度地减少投资,实现效益最大化。不管采用何种管理手段,都要对其经济实用性进行考量,追求耗费较少成本获得较大效益的效果。我国大部分档案机构经济条件有限,所以在档案管理系统运行中,经济因素起着至关重要的作用。

六、现代化要求

在当前档案管理活动中,手工操作方式依旧存在。然而,我们必须认识到,现代化档案管理已成为发展趋势。在档案管理中,对视听技术、复制技术、缩微技术、计算机技术等现代化技术进行运用,能够实现档案现代化管理水平的提升,实现档案管理工作质效的大幅提升。

第二章 档案信息化管理概述

本章内容为档案信息化管理概述,分别阐述了档案信息化管理的理论基础、档案信息化管理的发展历程、档案信息化管理的发展战略与规划、档案信息化管理的途径与过程及档案信息化管理的步骤。

第一节 档案信息化管理的理论基础

一、档案信息化理论原理

因为档案管理对象有所改变,在传承中,档案管理理论不断创新、发展,拥有了全新内涵。这些理论包括档案价值理论、文件运动理论和档案有机联系理论。

(一)档案有机联系理论

档案有机联系理论对档案文件之间最有价值的联系进行揭示与保存,在人类对历史真实过程的全面了解方面意义重大。数字档案文件之间的联系,可以依托元数据(结构、内容、背景)得到描述。

(二)文件运动理论

文件运动理论对文件从诞生到销毁的社会运动规律进行揭示,对档案文件的价值变化进行反映。

文件从产生到销毁(或永久保存),被文件生命周期理论划分为四个阶段:制作形成(形成单位)、现行(现行使用单位)、半现行(机关档案室或文件中心)、销毁或永久保存(档案馆)和对文件在空间、时间中的运动规律进行表述,前段控制思想也由此得来。

文件连续体理论对平面坐标四个象限进行使用,对文件管理活动中的四个维度("产生""捕获""组织""聚合")进行表示，对时空中文件的多重属性变化规律加以描述。

（三）档案价值理论

档案具有价值属性，档案价值理论即对此予以揭示。对于文件运动理论和档案有机联系理论而言，档案价值理论是基础；对于档案鉴定而言，档案价值理论属于理论依据。

二、档案信息化法规标准体系

档案信息化法规标准体系以《中华人民共和国档案法》为核心，由《档案法实施办法》等行政法规、政府规章和规范性文件组成相互联系、相互协调的统一体。这些法规从不同的角度为档案信息化提供参照执行的约束标准。

规范性文件由国家或地方专业主管部门草拟，由质量监督检验局批准发布，具有强制性或指令性，包括国家标准、行业标准和地方标准。

具体而言，档案信息化法规标准体系涉及以下几个方面：

（一）档案信息化基础设施建设

档案信息化基础设施建设包括管理规范、网络环境构建的技术要求和档案信息化硬件设施的配置标准等。档案局域网的内外网联结方式、网络带宽、传输模式、传输介质拓展结构等方面的规定，是档案信息化基础设施建设的核心内容。

（二）数字档案资源建设

数字档案资源建设包括档案目录数据库结构、档案著录标引、档案前处理方面的规范；质量标准、档案数字化操作规程、数字档案文件格式方面的规范。

（三）电子文件生成、采集、传输、利用、保管与迁移

电子文件生成、采集、传输、利用、保管与迁移包括电子文件价值鉴定方面的规定，电子文件归档与管理体系规范，电子文件利用规则，电子文件信息系统的构建规范，电子文件有效性、真实性、完整性保障制度，电子文件通用格式及载体规定，电子文件数据交换及元数据标准等。

（四）档案信息化应用系统建设

档案信息化应用系统建设包括档案信息化项目的规划、立项、工程承建、发包、验收、审批等方面的管理性规定，数字档案馆建设规范，电子文件中心的功能要求与构建规范，档案局域网的组织管理规范，档案网站建设运行规范，文档一体化管理系统的信息流程与体系规范，档案管理软件系统的功能要求与数据结构标准等。

（五）数字档案资源利用

数字档案资源利用包括关联数字档案资源共享的权益关系、技术模式、共享权责、利用过程、利用形式等方面的规范。数字档案资源利用的核心内容是网络环境下，数字档案资源共享所涉及的主体权益（如信息利用权、隐私权、著作权等）的调整规定和档案开放制度等。

（六）档案信息安全

档案信息安全包括档案信息系统安全保障体系建设和档案信息安全方面的法规要求，如档案系统安全等级制度、档案信息备份制度等。

（七）其他方面

其他方面包括对公众在档案信息化过程中的义务、权利的规定，对档案信息化人才素质、结构及队伍建设方面的规定，对档案信息化宏观管理、组织体制、基本内容、总体目标等方面的规定。

第二节　档案信息化管理的发展历程

档案信息化的发展不是一种简单的行为，要经过一个较为漫长的历史过程。该历程将涉及档案信息机构建设、档案工作信息化的综合管理、档案信息化工作基础理论的研究等多方面因素。具体可以从档案工作的性质、档案工作的体制、档案的机构建设经费、档案信息资源的开发利用、档案环境等方面，构建档案工作信息化的指标体系，并比照国外档案信息化的发展情况，来确定我国档案信息化的发展目标。

根据档案信息化的发展时间顺序，我国的档案信息化建设大体经历了三个阶段：认识与起步探索阶段、建设成长阶段、发展应用推广阶段。

一、认识与起步探索阶段

世界范围内的档案信息化产生于文档一体化。20世纪80年代中后期，市场经济竞争加剧，各企业为了提高自身的市场竞争力，纷纷采用网络信息技术，开展企业的信息化建设，目的是提高产品质量，降低生产成本，加速产品的流通。到了20世纪90年代，办公自动化系统的研发与实施，为企业的高速运转提供了更为强大的支持。随着企业信息化的不断加强，产生了大量的企业电子文件，如产品清单、计算机辅助设计等数字信息，这些电子文件很难用纸质文件保存，并且不方便利用，此时档案管理面临着如何接收、如何保管这些电子文件的严峻挑战。一些企业开始尝试在办公自动化中增加电子归档、电子档案管理等功能，部分档案管理人员开始对计算机操作有所接触与了解，这种使用方式局限于手工业务的计算机化、机读目录管理和单机操作。

20世纪90年代中期，为与我国档案事业发展和信息化建设实际需要相适应，我国部分大城市开始展开档案信息化建设工作。1992年后，部分市级档案馆开始思考规划、建设档案信息化，在对档案部门的档案利用情况、管理形式、收集的内容、管理方式、业务需要等内容进行充分调查与分析的基础上，多方面设计、规划档案领域计算机应用系统建设工作，获得初步成效。

但是，在这一时期，全国档案行业并未拥有强大的信息化基础设施，并未拥有完善的应用系统，档案工作人员不具备丰富的知识结构，所以，档案信息化规划所取得的初步成果，更多地停留在计算机辅助手工管理的探索性、局部性研究阶段，档案管理信息系统的应用局限于条件相对优越的小范围档案馆、档案卷宗目录数据的管理和单机版。

总体来说，在这个时期，全国的档案信息化仍然处于常识性的初级应用阶段，但一些前瞻性的研究工作，为档案信息化未来几年的发展奠定了基础。1997年，深圳市档案局面对档案信息化建设的新形势，提出了建立数字档案馆的初步设想。经过几年的实际探索，深圳市档案馆成为全国档案工作的示范单位，为全国数字档案馆的推广积累了宝贵的经验，有力推动了全国数字档案馆的普及。

二、基础建设与成长阶段

1995年～1999年，是我国档案工作的初级发展时期。档案工作开始初步成长，进行范围更大的基础建设。这一时期，信息化基础建设和应用化设计是档案工作的重中之重。

伴随社会信息化建设不断发展，国家持续强化对档案信息化建设资源的投入，增强了人们的档案意识，出现了众多的档案管理软件。更可喜的是，在互联网上出现了档案网站，档案目录数据库查询和检索系统在各大城市的档案馆建立起来，利用局域网提供档案目录信息资源的服务在许多档案馆开展起来，国家档案局在1999年发布了《CAD电子文件光盘存储、归档与归档要求》等相关标准，档案信息系统发展成为网络运行模式。这一时期的基础建设工作和管理系统的开发利用工作，为"十五"期间全面开展档案的信息化建设工作奠定了良好的硬件基础，为以后的信息化建设积累了宝贵的经验，培养了档案信息化建设的使用人才和管理队伍，为今后的档案信息化建设奠定了基础。

三、发展与应用阶段

步入21世纪，社会各行各业的信息化建设都发展迅速，逐渐步入深层次的应用阶段，尤其是我国电子政务步入实质性的运行阶段后，档案的信息化建设也步入快速发展与应用阶段。

从2000年起，国家档案局就在全国档案事业"十五"计划中，将"加快档案信息化建设"作为重要内容。2002年11月底，国家档案局、中央档案馆发布了《全国档案信息化建设实施纲要》，明确针对档案信息化的标准规范化建设、管理应用系统、信息资源建设和基础设施建设提出要求。

在我国档案信息化建设的过程中，有不少省市的档案馆信息化建设走在了前列。深圳市档案馆就是信息化建设发展比较突出的一个。

深圳市档案馆在1995年就开始了信息化的初步建设，到1998年已初具规模，建成了内部局域网络，所铺设的光纤可连接内网、政务网、互联网等；利用互联网和网络通信技术，研制开发了SD2000单位的档案管理系统、馆藏档案管理系统、数字档案馆的应用系统。数字档案馆系统建立不久，为了满足社会信息化建设发展的需要，在2000年5月，经国家档案局批准立项，成立了由国家档案局科研所、深圳市档案局、深圳实际科学科技公司共同承担的建设数字档案馆工程。2000年8月，在深圳召开了第一次全国数字档案馆建设研讨会，随后建立了研发小组，研发项目发展成为国家计委高技术应用部门发展项目，并获得了经费支持。到2002年12月，深圳市档案局被广东省信息产业厅列为广东省信息化建设试点单位。同年12月8日，国家档案局在深圳召开了全国档案信息化建设现场演示会，来自全国各省、自治区、直辖市档案部门的领导现场观摩了应用系统演示。此次会议得到了全体与会代表的一致好评，全国各大媒体都做了相关报道。在深圳市档案馆的带动下，2003年，青岛市数字档案馆正式启用，成为国内首家投入使用的数字档案馆。至此，全国档案信息化建设步入了一个良性发展的新阶段。

这一时期，全国的档案事业取得了长足的进展，主要表现在以档案信息资源的开发和利用为目的开展的档案信息化建设，编制了相关的档案信息化规范标准并得到了实施。在国家档案局的带领下，全国档案系统掀起了开展档案信息化建设的科研工作，探索出了许多加快档案信息化建设的新方法，研究出了部分具有实际应用价值的可行性科研成果。

同时，提供档案数字化服务利用、馆藏档案数字化加工等工作也得到了广泛开展，逐步建立起电子文件归档和归档后的电子档案的管理系统。部分单位有着较好条件，已经开始对AMIS的智能客户端运行模式进行探索。

这一时期，全国档案信息化建设取得了一些成功的实例，包括国家档案局制定并颁布了一系列法制法规，如《电子文件归档与规范》《档案管理信息系统功能规范》，各省市自治区根据当地的实际情况和发展特点也制定了相应的规范及实施方法，充分体现了国家主管部门对档案工作的重视，为推动我国档案事业的可持续发展创造了有利条件。

总之，档案信息化发展经历了以上三个发展时期，但每一个机构在开展信息化建设的过程中都会有不同的经历。相对来说，起步较晚的一些档案馆，在充分认识到档案信息化的重要性和时效性后，积极采取了一系列的准备工作，如加快体制改革、更新管理理念、优化业务流程、规范管理工作、准备基础数据、引进复合型人才、加大投资力度等措施，努力实现档案信息化的跨越式发展，这将会形成新时期档案信息化建设与发展的新局面，有力地推动信息化建设的向前发展。

第三节 档案信息化管理的发展战略与规划

计算机网络技术的快速发展和广泛应用，给人类社会生产力的发展带来了革命性的进步，给现代化建设注入了全新的内涵，加快了实现现代化的历史进程。信息技术在引领着现代科技发展的同时，也为科技创新提供了先进的手段。现代信息技术的发展改变着人们的生产和生活方式，使人类的发展快速进入信息社会的发展时代，信息化已经成为时代发展的潮流，信息化建设正在渗透社会的各个领域，信息化战略已经成为档案事业发展的时代方向，成为国家信息化战略的重要组成部分。

我国"十五"规划的实施，标志着档案信息化战略的正式启动。《全国档案信息化实施纲要》明确了档案信息化的建设方向、建设目标和基本要求，实现档案信息化要在确定档案发展战略的基础上，制定出适应档案信息化发展的战略规划，使档案信息化的发展适应社会发展的客观需要，为整个社会的发展提供强大的档案信息资源，充分挖掘档案信息资源的内在潜质，使档案管理更好地服务于社会。

一、档案信息化的发展战略

如今，社会信息化程度愈发深入，人们利用现有档案对社会进行服务的意识日益增强。所以，培养一批高素质的档案管理队伍，构建技术先进、完善的信息化支撑平台，规范档案管理的标准，加快档案信息化建设，促进档案与社会资源的整合、利用与共享，是社会发展的需要，是新时期档案事业的发展战略。

（一）档案信息化建设已成为国家信息化建设的重要组成部分

档案资源作为基础性资源，是国家信息资源的重要组成部分，它的内容也必将成为信息化建设的重要内容之一。因此，档案信息化建设也必将纳入国家信息化的战略规划，成为信息化建设总体战略的重要组成部分。

随着人们对社会信息化认识的不断提高，整个社会都在大力推动电子商务、电子政务的发展，利用信息技术提高政府的监管能力、转变政府职能，改变教育管理手段，提高科研和人才管理水平，在社会多个领域不断培育出以应用为主导、与社会需要紧密结合的示范项目。近几年来，社会信息化建设呈现出良好的发展势头，其突出表现：一是人们对信息化的认识不断深入，信息化应用技术越来越普及，信息化对社会发展的推动作用日益突出，社会对信息化的认知程度日益增强。二是电子信息产品制造业的规模不断扩大，在一些重要领域获得了突破性的进展，电子产品生产和出口的增长速度大大高于传统产业。档案工作者在当前的形势下，应学会客观地认识信息化过程中出现的问题，不能因为看到成绩就忽略了缺点，也不能因为问题的存在就对信息化建设失去信心，应在发展的前提下，抓住发展大好机遇，创新工作，勇敢面对时代的挑战。我们只有脚踏实地，勇于挑战，把档案信息化建设纳入国家信息化建设的战略规划，才能保证我国档案事业持续、稳定地健康发展。

在《全国档案信息化建设实施纲要》政策的指导下，各地档案管理部门，积极投身到当地的电子政务建设中，把档案信息化纳入当地政府的发展规划中，在全国启动了一批信息化工程的重点项目，并取得了很好的成效。如，投入百万元建成的青岛市数字档案馆、深圳市档案馆等，为全国档案馆的建设积累了宝贵的经验，积极推动了全国数字档案馆的建设。

（二）档案管理现代化成为奋斗目标

传统的档案管理运行模式手段比较落后，其特点表现在对档案资源的积累处于被动的工作状态和时间的严重滞后，对档案资源的利用停留在"备查的状态"。主动开发和利用档案资源十分局限。长期以来，这种状况严重影响档案资源作用的发挥和对现实工作的支撑，严重影响了档案工作的作用和地位，不利于档案事业的可持续发展。

现代化的管理离不开先进的技术设备，先进技术设备是档案管理的物质基础和技术手段。没有先进设备，任何技术方法和目标都难以实现。先进的技术和设备必须有先进的管理理念来支配。在信息社会快速发展的今天，现代化的先进设备已运用于社会生活的各个领域。档案工作也一样，当前，在档案管理的各方各面都广泛应用设备计算机，这使档案工作信息化进程得到大大推进。

档案管理的现代化是档案管理内涵和手段的深刻革命，其内涵和手段都发生了深刻的变化。档案信息化的大力发展，必将改变传统的档案管理理念和运行模式,改变档案资源的积累过程、存储介质、保存形态、检索手段和利用方式等,改变档案管理的业务流程和档案工作的人力资源。档案的信息化建设将推动档案工作的现代化进程,使档案管理的理念得到全面提升、不断地创新和发展档案资源得到更充分的利用,档案的价值得到更好发挥,档案工作的作用得到更充分的体现,档案工作队伍承担起更大的社会责任,更好地实现服务于社会的最终目的。

(三)档案信息化建设走上了规范化的发展轨道

在档案信息化建设的进程中,各级档案主管部门对档案信息化建设进行了大胆的探索与实践,取得了初步的成效,目前已初步实现了电子档案管理的规范化,研究了适合档案管理模式的互联网建设、软硬件的集成化管理模式,丰富了公共信息资源管理、网络安全管理、数据保护、知识产权保护等法律规范,有效地预防了计算机犯罪和网络犯罪,保证了档案信息化建设向规范化、模式化的方向发展。但是,在信息化建设的过程中,各单位的情况千差万别,所采用不同的数据库和信息系统,这样形成不同的电子文档,对档案管理部门的管理提出了新的要求。要求档案主管部门从本单位的实际情况出发,结合国家相关的政策法规,制定出电子文件归档、档案信息采集整合和安全管理的具体标准,加快建立健全档案信息化标准的实施体系。各单位应建立适合本单位实际需要的档案鉴定、归档、保存、保管、利用的规范化标准;应建立完善的档案管理制度,制订有效的安全管理体系和操作规范,确保档案信息系统的安全。

标准化、规范化制度的建立,为逐步建立完善的网络信息平台奠定了基础,推动了档案信息资源的整合,最大限度地实现馆内与馆外资源共享。法律法规制度的建立,有效地保证了档案信息化建设沿着规范化、模式化的轨道健康发展。

(四)档案人才队伍由单一型向复合型方向发展

档案信息化建设是一项新兴、复杂的系统发展工程,整个系统的建设涉及信息技术的软件、硬件和网络系统建设,还包括信息资源的搜集、开发和利用,这两项建设内容归根到底都离不开人才,因此,人才队伍建设是信息化建设的核心和关键。所以,在信息化建设的过程中,应把人才队伍建设放在首位,把更新人的传统观念、知识结构和提高人的综合素质贯穿信息化建设的始终;人才队伍要通过对先进技术的不断学习和实践,不断提高自身的业务能力和现代化管理水平。

人才建设是档案队伍建设的重要内容，档案人才队伍建设的关键是要建设复合型、高素质的管理人才队伍。复合型的人才是指打破过去档案队伍的结构和模式，在队伍构成上要进一步加强学科专业的交叉互补，不能仅局限于历史档案的学科人才，还要培养管理型、技术型的综合人才。在技术更新和技能提高方面，要加强计算机知识、数字化知识、网络技术知识和现代管理知识的学习培训，档案管理人员应了解和掌握信息管理知识与应用知识，了解档案管理与信息技术的结合，业务学习和培训将被赋予新的内涵。复合型的人才还要具备能适应信息化的挑战、能够应用信息技术和驾驭信息资源的整体素质。要将更新观念、把握时代全局、明确历史责任作为档案工作团队的基本理念，要将更新手段、积累信息资源、广泛开发利用作为档案工作团队的基本工作，立足现实，勇于开拓创新，努力培养抓住时代机遇、迎接挑战的新型人才队伍。

（五）数字档案馆的发展

电子档案馆的产生和发展，因电子政务和电子商务的快速发展而得到更快的推进。通过档案信息化建设和档案馆的数字化，档案馆将成为档案管理的智能控制中心、档案资源的数字化中心，成为国家数字化、信息化的重要部分。

1. 档案信息化的应用平台建设

想要将数字档案馆建立起来，首要任务是建立一个综合管理系统平台和网络架构，且能与发展需要相适应，对档案信息化功能需求予以满足。中心系统要能够对多个子系统进行支持，确保资源共享、授权访问、信息备份与迁移、网络控制等有效且安全，对信息技术广泛运用，将现实的现代化手段提供给档案馆的信息化建设。以此开展档案馆智能化控制、数字档案信息的开发与管理、数字档案资源的积累和管理等工作。

2. 馆藏数字信息的共享与开发

"信息共享"是将数字档案的授权访问、自动分类、全文检索、目录检索系统建立起来，依托因特网、办公网、局域网提供的档案利用服务，将状态网络对信息访问实时监控建立起来。要分类开发原始档案信息，对其进行知识化管理，将以档案基础数据为基础的辅助决策支持系统建立起来。唯有知识化档案信息，方能确保档案信息利用社会化的实现，对档案的潜在价值进行更广泛的发挥，在更高层面上创造更多的社会经济效益。

3. 数字档案资源的建设

数字档案资源建设包括的内容：连接与管理对象管理的思维模式和所使用的数字档案信息，建立数字档案信息库；整合区域间纵向和横向和行业上下的资源信息；利用电子扫描技术，数字化处理馆藏的实物档案、声像档案、纸质档案，形成系列数据库；在网络办公条件下，电子档案的全过程归档、保存、备份、迁移和管理等，收集档案部门业务运行的所有系统数据，积累电子档案信息。

二、档案信息化的实施战略与原则

国家档案局毛福民局长在全国档案局馆长会议上强调："档案信息化建设是档案部门的一项基础性业务工作，是档案工作向现代化迈进的必由之路，是档案工作实现历史与未来有机连接的战略之举。"[①] 毋庸置疑，未来几年，档案信息化建设的步伐将逐步加快，要使信息化应用更加深入、普及、有效，还需要从全国档案事业的高度制订和档案事业发展的实施战略入手。

（一）高度重视档案信息化的战略作用

档案信息化建设的组织管理者，特别是决策者，必须对档案信息化的战略作用有充分的认识。决策者指档案部门的决策者和政府高层的决策者。只有政府高层和档案部门的决策者，对档案信息化建设的战略作用有充分的认识，才会真正重视这项工作，保证档案信息化建设的各项工作顺利开展。

目前，有一些政府的领导按照过去形成的一贯思想，还不太重视档案工作，认为档案工作不是政府工作的重点，档案馆信息化与经济发展的关系不大，档案信息化的必要性不是很大，因此就把信息化建设推后或搁置。其实，档案信息化与社会发展密切相关，它不是可有可无，是势在必行。因此，档案管理部门必须认清档案信息化的战略意义，对信息化的重要性要有足够的重视，把它作为一项大事来抓。档案信息化对档案管理自身有举足轻重的意义，对整个社会发展具有长远的战略意义。

档案信息化是社会信息化、政府信息化的一个重要组成部分，具有记录和保

---

① 毛福民. 奋发有为 与时俱进 把有中国特色的社会主义档案事业推向前进——在全国档案局长馆长会议上的讲话 [J]. 中国档案，2002（01）：8-14.

存单位、行业、社会、民族、国家的历史，为将来的工作查考和研究提供依据的重要作用。档案事业是否随着社会同步信息化，对于国家、民族和整个社会都具有深远的战略影响。在信息时代，全社会都在推进信息化，档案作为社会的重要资源更不能忽视信息化。

2003 年，在瑞士召开的世界信息社会峰会上，国际档案理事会呼吁："我们现在在各种媒体上创造的信息构成了将来的档案，面向未来，信息社会需要记忆。"在人类几千年的发展和进步过程中，人类记录信息的方式和载体不断地发生变化。而人类文明记忆的历史断层不少，是由于不注意档案信息的保护造成的。因此，如果现在不重视档案信息化建设，那么很可能许多信息将在纸质档案与电子档案的交替中丢失，若干年后再要寻找已经失去的档案记忆就十分困难了。因此，我们应该高度认识档案信息化的重要意义，把它当成决定国家和民族记忆能否在信息时代不断得到延续的大事来抓。

档案工作者应认识到，档案管理信息化对于其发展具有不可忽视的重要作用。现在档案信息化建设正处于良好的战略发展阶段，档案部门应抓住时机实施档案信息化建设；如果现在失去了发展的良好机遇，那么若干年后，当社会整体进入信息时代时想要跟上时代发展就为时已晚了。档案管理者应充分认识到，信息化建设是一个不可逆转的时代潮流，是档案管理由封闭走向开放、由传统走向现代的大好机遇，要及时把握时机，迎接挑战，在社会整体的信息建设中占有一席之地。因此，档案管理应该适应信息化建设的需要，融入社会信息发展的潮流，加快信息化的建设步伐，为社会进步和发展做出积极的贡献。

（二）档案信息化的实施战略

1. 资金和人才发展战略

档案信息化属于一项涉及高技术（如互联网技术、计算机技术）的系统工程，因而需要一支能够与信息化建设需要相适应的技术人才队伍作为保障，尤其需要系统维护、软件开发和信息化管理等方面的人才。

在现实中，档案部门的信息技术人才较少，很多单位不缺设备、不缺资金，唯独技术方面的专业人才不足，尤其是缺少一些精通管理与技术的复合型人才，这已然成为一大"瓶颈"问题，对档案信息化建设发展产生不利影响。所以，要对人才队伍建设予以重视，对人才问题及时解决，既要对市场化运作、人才引进等举措进行运用，又要重视培训工作人员。相关部门可以建立档案管理人员培训制度，并予以落实，在培训内容中增添关联于档案信息化建设的现代管理技术知识、网络技术知识、数字化技术知识和计算机应用基础知识，针对新方法、新设备、新技术的应用，对档案业务人员开展强化培训，对信息基础知识进行普及，实现档案技术人员对现代技术的熟练掌握与应用。

我们必须认识到，在档案信息化建设过程中，有些信息技术人员对档案业务不甚了解，有些档案管理人员不懂信息化建设技术，所以，在培训中，应当将技术人员和档案管理人员结合起来培训，一方面要求技术人员服务于档案管理人员，另一方面要求档案管理人员与现代化管理方式相适应，如此方能培养出既会管理又有技术的复合型人才。

不过，档案管理人员只掌握了技术，并不能建设好档案信息化。其原因在于，档案信息化建设这项技术工程需要高投入，尤其需要资金投入。当前，档案信息数据库建设、计算机设备的配置、网络建设是档案信息化建设过程中三个主要经费投入方面。如，某高校档案馆的信息化建设依托政府公务网的建设，实现了高校局域网和公务网的连接，这笔巨大的经费由政府承担。在局域网和计算机的配备上已投入几十万元，但计算机设备的正常维修、设备的更新换代也是一笔不小的开支。在数据库的建设中，一些大容量先进服务器的配置、数据库的管理系统等也是一笔不小的投入。如，一个档案馆馆藏20万卷，如果每卷文件为10份，那么就有220万条文件级、案卷级条目需要建立数据库，再加上不少于70万条的专利条目，共计将近300万条。目前，档案馆大多采用聘用或委托的方式，以每条1角计算，需要投入近30万元。因此，档案信息化建设需要相当大的一笔资金。在档案信息化建设的过程中，我们必须保证经费的投入，同时档案主管部门应加大宣传力度，使人们真正认识信息化建设的内涵。

2. 滚动发展战略

信息化建设是一个循序渐进、逐步发展、渐进完善的发展过程，不可能一步到位，因此，我们必须根据信息化的实际发展状况确定滚动的发展战略。

档案应用系统的功能飞速发展的信息技术得到不断发展与完善。当然，我们不能只追求设备的更新，还应当不断实现管理理念的更新，开发新的应用技术。

数字档案的积累是一个发展过程，且没有重点。对于档案信息化建设而言，数字档案的积累也是核心内容。唯有积累更多信息，才能拥有更为丰富的档案资源，将更宽的服务面提供给社会，对公众产生更大的吸引力，如此，档案所具有的发展潜力才会更大，才能更加充分体现自身作用和地位。所以，无论是信息资源的整合、馆藏数字化还是文档一体化，都必然是一个滚动发展的过程。

针对共享与开发利用数字档案资源而言，从目录检索、全文检索到辅助决策支持、知识化管理、社会化开发，从单份档案资源信息到以对象管理为前提的信息链接加工，从局域网共享到全社会共享，都是渐进发展、循序递增的过程。

基于信息化管理与自动化办公，实现对数字档案馆和智能化控制的目标。

3. 产业化发展战略

档案是最原始的历史凭证，真实记录了社会的发展，所以，对于社会发展和社会经济而言，档案是非常宝贵的资源，不仅对文化遗产进行记载，也形成新的社会文化，是社会生产力的重要组成部分，最真实、最具体、最直观地反映了综合国力。

当前，置身文化产业浪潮中，我们不仅要将文化视为在增强民族凝聚力、风俗习惯、思想观念等方面产生作用的力量，还应当将其视为科学技术能带来巨大社会和经济效益的宝贵资源。

在如今的信息社会，在经济增长的过程中，信息资源发挥着日益显著的作用。档案作为社会的原生信息源，如何对档案进行开发利用、社会开放，可谓是时代赋予档案事业发展的历史性机遇，也是档案工作探索新思路的责任。档案信息化是与时代需要相符合的发展战略，既将全新活力注入档案事业发展中，将新的运行机制创造出来，也将强大动力提供给信息化社会经济的增长。

伴随我国综合国力的日益增强，人民生活水平不断提高，市场对信息服务和文化产业的需求，也迎来快速上涨的态势。档案信息产业化能够对档案信息化建设起到促进作用，既能解决档案工作投入不足的问题，也能实现档案价值的侧面提升，对实现档案信息社会化、知识化来说是大有裨益的。

我们可以不断创新档案信息产业化途径，在起步阶段可以利用收费系统，对公开上网的社会化信息进行信息利用收费；也可以依照地方、国家文化产业需要，对人力资源、社会资金进行吸收，从而更好地开发档案信息，实现经济利益和知识产权共享；还可以举办灵活多样的档案展览；也可以将档案开放给企业、社会，对新型档案信息服务进行提供。当然，最重要的是强化国际合作与交流，将现有档案制成光盘出售，如此，创造了社会效益，收获了相应经济效益。

总而言之，档案信息产业化有多种方式，在档案信息化进程中，我们可以不断探索研究。只要敢于创新、勇于实践，必然能探索出行之有效的档案信息化产业发展新路径，为我国档案事业的发展注入更多力量。

4. 需求驱动战略

对于档案信息化建设而言，"需求驱动"是其应当遵循的重要原则；对于信息化战略的实施而言，"需求驱动"是其中一项重要内容。

档案信息化建设有着颇为宽泛的范畴，它是信息社会的需要，是档案管理手段的变革，也是档案管理理论的发展，而非某项阶段性工作。所以，档案信息化建设，应当根据共享利用的档案信息和电子档案的形成进行管理，确定所建设的内容，使需求驱动成为现实，拥有相应的发展条件。

5. 专业化的服务战略

在国家信息化建设战略中，档案信息化是非常重要的组成部分，国家信息化战略的落实程度也受档案信息化建设程度的直接影响。档案信息化与我国信息化建设发展进程息息相关，所以，我们一定要将档案信息化建设基础工作做好。

档案信息化建设是一项复杂的系统工程，社会多方都应为其发展做出努力、提供支持，如果仅凭档案部门的力量难以实现预期成效。因此，档案部门必须和专业信息技术服务公司联合起来，从咨询、规划、设计、研发、实施培训等系统建设的外包模式，到数据、服务器的专业化管理，再到应用软件和计算机网络设备的售后服务、技术维护和更新升级等，都要依托于社会化的信息技术服务，才能拥有更大发展空间，对信息开发、信息化建设过程中遭遇的种种问题进行及时解决，对档案信息产业化市场途径进行有效探索，全面发展档案信息化建设。

6. 应用推广战略

在信息化建设的过程中，一方面，资金的专项投入、设备的专门购置是不可缺少的建设资源，没有信息化的基础设施建设就不可能开展信息化工作；另一方面，全国绝大多数档案部门的管理机构，都已经不同程度地购置了信息化建设的基础设施，开展了一定规模的管理信息系统和信息资源建设。然而，只建设却不使用，或使用的非常浅显是当前信息化建设的一大难题。当前首要的工作是应用推广，普及和推广要在深层次上下功夫，在项目的规划和计划中着重强调应用普及问题，将它们纳入计划建设和培训工作中；必须在更新管理观念、改变管理手段、加强培训引导、建立健全制度方面下功夫，重点发挥领导和重要业务职能部门的关键作用。应用普及工作关系到档案信息化建设的发展和生命力，关系到国家信息化战略基础性信息资源建设的成败。

（三）档案信息化的战略原则

档案信息化的建设容易产生重技术轻管理的倾向。实际上，在档案信息化建设中，实行管理的规范化、科学化是基础，管理到位是档案信息化持续建设发展的重要保证；要实施总体规划、分步实施、需求驱动、重点突出，在资金投入和人才队伍建设上，为档案信息化建设提供必要的保障。

1. 总体规划的原则

信息化建设是一个系统工程，具有涉及面广、历时较长的特点，涉及社会的每一个组织单位，因此，社会的每一个组织单位，都必须根据国家的信息化战略与目标，来制定信息化战略与规划，国家的总体规划必须纳入每一个组织单位的信息规划中。

档案信息化的关键在于加强规划管理。对于这样的一个工程，必须有全局性长远的总体规划。目前来说，这个问题还没有引起档案界的足够重视，在全局性、区域性或微观管理上都缺乏科学、到位的规划，等到已经形成"战国纷争"的局面时，再出台规划就为时已晚，那时要扭转混乱局面必将遇到很大阻力。

对于档案信息化建设来说，长远规划应该是一个纲领性的文件，需要以科学理论为指导，对档案信息化的需求、定位、战略目标、组织方式、管理方式等加以确定。制订档案信息化规划应该与国家、地区、行业的信息化整体规划相衔接。对于那些资金和技术条件并不雄厚的单位，总体上纳入信息化规划，才能取得好的效果，我国信息化建设取得较好成绩的档案馆都是如此。如，青岛市档案馆的建设得到了当地市委、市政府的高度重视，该项目被列入青岛市国民经济和社会发展的第十个五年计划；上海市档案馆的信息化建设被列入长宁区政务网建设的总体规划中，与政府信息化工作同步发展，成为电子政务的重要组成部分。这些成功的经验证明档案信息化建设与社会接轨的重要性。

（1）长远规划应该明确需要、认真论证

主抓信息化建设的管理者要非常清楚信息化的需求，这样才有利于信息化建设的总体规划与设计。在软件开发前，应在研究档案业务的基础上提出总体设想。要从档案工作者的使命和战略目标出发，明确档案业务及管理变革的策略，详细分析档案业务的关键性指标，从中抽取档案信息化的需求，建立总体框架。对于单个软件的开发来说，成败的关键在于系统设计之前对需求论证的清晰程度，对于长期的宏大工程来说更需要明确需求。

（2）规划应因地制宜、准确定位

给本单位的档案信息化建设制定长远规划，要从本单位的实际出发，综合考虑包括馆藏的数量、资金、技术，以及当地信息化整体的发展状况等在内的各种条件。不是所有的档案馆都能建成虚拟档案馆或数字档案馆，各档案馆应根据自身的情况因地制宜地进行建设。

（3）规划要明确目标，科学分解目标

信息化建设的总体规划不仅应该提出总体目标，还应该确定实施战略，科学地分解目标，确定在时间和空间上分步实施的大体阶段和阶段性目标，在以后的软件设计中加以体现。如，深圳市数字档案馆的建设分为三期。一期是对各类标准进行制订，建设基础设施，开发应用系统，对部分档案信息进行发布；二期是对档案信息源予以扩充，数字化处理馆藏档案，对一期成果进行修正、改进；三期是对前期成果进行总结、改进，将数字档案馆管理流程制订出来，对档案信息量进行增加，实现档案信息源进一步扩充，对立档单位形成的数字档案进行接收，将电子文件中心管理系统建立起来，更好地管理现行电子文件。

2. 分步实施原则

档案信息化建设是一个长期且复杂的系统工程，它需要依存于国家和单位信息化战略的实施，作为其重要的组成部分；档案信息化总体规划要立足现实，着眼未来，不是一蹴而就的事情。因此，档案信息化必须采取分步实施原则。

作为一项系统工程，档案信息化将依照工程建设模式实施，各项工程的建设内容之间存在内在逻辑关系，这也是采用"分步实施原则"的一项重要依据。

首先，以国家信息化政策为指导，依照档案信息化总体规划，将具体的分期实施方案制订出来。在对实施方案进行制订时，要具备全局的发展眼光，制订出的实施方案，一方面要对发展的实际需要、档案管理的实际情况、国家信息化战略实施进程予以充分考虑。另一方面，要对工作环境、人力资源状况、技术支持能力、经费的实际投入进行充分考虑。将与实际需要相符合的项目组织和控制措施以及具体的工作计划制定出来。

其次，制订规范化的业务标准和新管理制度。如今，传统的档案管理制度已然难以与档案信息化需要相适应，信息化对业务标准提出了更高要求，需要全面制订电子文件的安全管理体系、逻辑归档的操作规范和归档制度。对于信息技术应用和信息化建设而言，业务标准是重要准则和基础，涉及多个方面，如工作规范、组织体系、工作体系、技术体系等，通常依照国家标准规范、地方标准规范、行业标准规范，与本单位发展需要相结合，对数据备份、安全管理、多媒体信息支撑、全文检索和目录查询等制度进行制订。

最后，强化档案数据资源建设。通过逻辑归档方式，对现行的电子文件进行收集、处理，全文数字化处理传统馆藏档案，对现成的纸质文件进行电子化扫描。从档案分类原则出发，将数据库建立起来，为共享、开发档案信息积累资源。还要最大限度地集成各业务部门、管理部门的全部现行档案系统数据，整合各专业管理系统和软件，将有效的数据集成系统建立起来。

3. 重点建设原则

档案信息化建设内容的广泛性和时间的长期性都决定了它必须采取重点建设的原则。作为一个长期的、系统的发展工程，无论是信息系统平台的搭建、信息化设备的购置，还是档案资源的数据积累和集成、档案信息的开发和利用都不能一次完成，只能根据现实的需要确定重点，进行分阶段的重点建设，特别是在如何深入、广泛地开发和利用档案信息资源方面，更应该突出重点建设的原则。

4. 需求驱动原则

社会信息化是时代发展的大趋势，但不同的单位有着行业发展需求和自身的发展条件，因此，每个单位信息化战略的制订和实施必须遵循需求驱动的原则，必须充分考虑现实的需要，依据现实的条件和需求制定规划，拟定实施方案。同时，要处理好现实需要与未来发展、建设能力与拓展空间、人力资源与现实信息技术水平之间的关系，遵循科学的发展观，实现可持续发展。

三、档案信息化的规划宗旨和需求

（一）档案信息化的规划宗旨

科学的理论是在总结分析实际工作需要的基础上产生的，同样档案信息化建设过程也需要科学的理论做指导，这是档案信息化建设应遵守的基本准则，它产生于档案建设的实践过程，必将为社会实践起到理论性的指导作用。

1. 转变管理理念，勇于开拓创新

在信息社会发展的今天，档案作为最原始的历史资料，它的作用和价值越来越被人们所重视，它的应用范围在不断扩大。档案管理作为社会的基础性工作，应该在管理方式上进行划时代的变革；档案工作者作为掌握和管理这一重而特殊的社会资源的主体，必须确定正确的指导思想，更新管理理念，彻底解放思想，紧抓时代机遇，勇于开拓进取，积极采取多种措施开展创造性的服务。

必须把档案信息化建设工作纳入国家信息化建设的战略中来，加大档案信息化建设宣传的力度，争取相关部门的支持，追加投入资金，使每个人都从根本上认识到档案信息化建设的重要性，认识到信息化将提升我国现代化的内涵。加速现代化的进程，将大大推动科技创新和知识经济的发展，快速增强国际竞争力，从而积极地推动我国的信息化建设。

要根据我国的实际情况，走有中国特色的档案信息化建设之路。与世界发达国家相比，我国的信息化建设起步较晚但发展较快，由于中国地大物博的特点，各地经济的发展并不平衡，这就决定了中国的信息化建设不能在同一层次上建设与发展；各行业对信息化建设需求程度的不同，决定了它们应采取不同的建设模式。

加强对档案管理人员的技术培训，进一步研究在档案管理和档案资源的开发利用方面如何应用计算机网络技术，用现代化的管理理念驾驭现代化管理技术，用信息技术提升现代管理水平，努力开展信息化建设工作，落实信息化的发展战略。

要树立解放思想，勇于开拓创新的精神。众多的行业对信息的需求千差万别，信息技术的发展没有适合的现成模式和方案，只有把信息技术的基本原理与现实的实际需要有机地结合起来，各行业才能找到适合自己发展的新路子。

2. 以法律为准绳加强管理制度建设

档案信息化建设是一场划时代的革命，它只是在管理理念上的改变，即应用现代技术来推动档案管理工作。档案信息化是在管理手段上的改变，并没有改变档案形成的规律，更不改变档案的本质属性和原始凭证作用。因此，档案信息化必须坚持以法律为准绳，严格按照《中华人民共和国档案法》和相关的法律法规，制定严格的档案管理制度，实行依法治档。依法开展档案信息化建设工作包括两方面内容：一是必须应用信息技术，保证数字档案和数字档案信息的完整性、真实性和有效性，解决好信息技术处理信息的强大功能与数字档案不可修改的关系，确保数字档案信息真实可信；二是在国家数字档案凭证作用的各项法律没有制定和颁布前，在开展档案信息化建设的同时，必须依法对纸质档案进行搜集、整理和保管，做到同一电子文件的收集、归档与纸质文件的收集、归档同时进行，对同一文件不能用相同内容的电子数据取代其纸质文件物理形态的收集与归档。

加强档案信息化管理制度的建设是信息化建设内容的又一重要方面，针对档案的数字化进行档案标准的制定，是信息化建设的需要，为数字档案凭证作用和合法化打下了坚实的基础。信息化标准规范有不同的标准体系，包括国际标准规范、国家标准规范、地方标准规范和行业标准规范等。每一个单位必须根据自己的实际情况，制定适合自己的不同的体系标准，做到网络平台的搭建、信息处理和数据库建设、信息共享和安全管理符合标准规范。标准体系的编制必须与档案信息化的启动同时进行，将其纳入总体工作规划中，只有这样，才能真正发挥法律制度的保驾护航作用。

3. 实行纵向跟踪、横向整合的战略原则

纵向跟踪是将档案信息化建设纳入国家信息化战略的全局中。社会组织要把信息化纳入信息化建设中来统一规划和管理，学校单位要把档案信息化纳入学校的电子校务中，各级国家机关要把档案信息化纳入电子政务中，各类企业要把信息化建设纳入电子政务中；各个法人组织内部必须将档案信息化建设工作发展到每个部门，真正把档案管理人员从传统的手工工作状态中解放出来，变传统的手工工作网络为现代化的工作网络，有效整合档案信息资源，建立现代化的信息管理机构。

横向整合是指对与本单位有关的所有已开放的档案资源信息进行整合。在同行业之间、各区域之间、同类机构之间进行资源的整合与共享，初步形成区域性资源共享系统；再对所有的档案信息资源进行分类整合，为信息社会建立强大的资源保障平台、档案资源深入开发利用和档案信息的知识化、社会化提供条件，使档案信息化在国家信息化建设中发挥基础性资源的应有作用。

（二）档案信息化规划的业务需求

信息化是在当代社会发展过程中出现的新生事物，现代档案工作面临的困难很多，主要有：一是整理、接收和保管文件，对电子文件的有效、完整与真实加以确定；二是开发利用馆藏档案资源，对网络化的服务利用加以提供；三是电子档案将和传统介质档案在相当长的时间内彼此共存，对二者进行统一管理，实现工作效率的提升；四是在对已经难以运用传统保护技术永久保存某些历史档案介质时，必须利用现代化手段，更好地保存这些档案及其反映的信息。

1. 电子文件归档的业务需求

伴随计算机应用的普及推广，人们利用计算机创建文件、处理文件已成为必然趋势，大量电子文件的归档也是显而易见的现实需求。国家档案局第6号令提出"归档电子文件"的明确要求；《电子签名法》对电子签名的法律效力进行规定。国家制订了相关法律，对电子文件的法律和凭证作用进一步明确。电子文件将成为新的"真实的历史记忆"。对于档案工作者和档案管理而言，电子文件的归档将成为其新的工作任务和内容。

2. 档案信息资源开发利用的需求

"应用"是对档案进行保存的最终目的。在信息社会，档案信息有着更为显著的重要性。对于信息社会而言，档案信息是其核心资源，在信息社会发展过程中，广泛深入地对档案信息进行开发利用将起到重要作用，这个作用是无法被替代的。无论是经济增长方式还是产业结构，都将因信息资源而得到改变。在管理档案信息时，应用计算机网络技术，实现档案信息的开发、共享和档案的价值。

3. 馆藏档案数字化的业务需要

传统档案馆保存的主要是实物档案，大部分是纸质档案，其唯一性对档案的凭证作用进行保证。然而，不同时代形成的不同档案有着各异的保管条件、载体质量，保存技术存在局限性，伴随利用次数的增加和时间的流逝，馆藏档案必将遭受损失，在利用方面也会产生局限性。

数字化处理馆藏档案能够对"档案信息充分利用"和"实物档案有效保护"问题进行妥善解决。对于那些散存于民间、损坏较严重的历史档案，以及馆藏于档案机构、难以运用传统保护技术进行永久保存的介质档案、实物档案，只能利用信息技术加以处理，从而完整保存档案信息内容。

4.现代化管理的需求

档案工作的现代化与现代化管理需求"不谋而合"，能够实现档案利用率的提升，实现对档案更充分的利用，为档案事业的健康发展注入强大推动力量。

四、档案信息化规划的任务

档案信息化规划的任务是：目标任务的规划、组织管理的规划、建设内容的规划、资源安全的规划、系统的整体规划。

（一）目标任务的规划

档案信息化建设的范围包括与档案有关的所有管理机构和领域。任何档案管理机构在搜集、整理、积累等管理过程中，都应围绕档案信息化建设的总体目标，根据本单位档案的搜集、保管和使用情况，制定信息化建设的总体目标和阶段性目标。

档案信息化的目标是以现代化的信息技术为手段，实现对档案管理和提供的现代化，不能把手段当目标而只重视网络的建设和设备的更新。现代化信息技术的应用，不是把过去的手工操作变成计算机管理那么简单。档案搜集、整理的目的是开发和利用，如果存档的目的不是为了利用，就失去了存档价值。因此，档案信息化总体目标的制定，必须围绕信息资源的搜集、整理、开发和利用的整体思路来开展。

在规划的过程中，针对近期规划和长远规划必须制定出不同的应用措施。对于近期的规划，首先必须对现有的档案资源进行标准化、规范化的处理，如一些档案的来源、主题词、目录等；其次，针对电子文件的创建和构成进行规范，制定出规范的归档标准，为计算机的可识别管理打下基础；再次，确定数字档案禁止写操作处理的存储格式，通过馆藏数字化和文档一体化积累档案信息资源，实现内网与外网的有效共享。最后，信息化的管理系统不能局限于只满足本单位对档案的应用，还要满足开放档案信息利用的社会需求，通过利用网络化等途径充分利用档案资源。要实现档案信息利用的网络化，就必须对上网档案制定严格的开放鉴定管理制度，对使用者实行授权的管理办法；还要建立安全的网络控制管理系统，建立状态网络利用和跟踪记录的管理系统，系统使用专门的服务器进行管理。

规划提高档案的使用效率和现代化的管理水平。必须做好三方面工作。一是结合档案管理的基本规律、现代技术的特征和功能，用现代化的管理模式取代传统的管理模式，如对档案的随时完善、档案利用状态的随时监控等。二是如何对档案管理部门实行科学化的管理，如对工作场所和出入档案室的人员实施监控，确保档案信息安全。三是按照信息化建设的需要，加强对技术人员的业务培训，为档案信息化建设提供技术保障。

对长远的目标规划，一要加强不同业务部门网络运行系统和资源的全面整合，在同行业间加强横向和纵向的全面信息资源整合，建立全方位满足本单位信息资源需求的资源数据库，成为本单位信息资源的集散地。二要充分发挥现代信息技术优势，对档案信息进行技术处理，避免信息"孤岛"问题。三要在档案信息资源的利用上，加强档案信息资源深层次、知识化的开发，如建立辅助决策管理系统，充分发挥档案管理的基础性特点，为科学决策提供可持续发展的参考信息；大力开展档案信息理论的研究工作，探索档案为社会提供更好服务的有效途径，使档案信息资源得到充分利用造福社会，这是档案工作的最终目标。

（二）资源的规划

实施档案信息化是我国适应社会信息化建设需要的一项重要工程，是弘扬民族文化、提高民族素质的历史性课题，是利用现代化手段，对当今社会改革、发展和建设过程的真实记录，它的存在和完善对于社会经济发展起着积极的推动作用。档案资源的规划要积极围绕档案资源建设开展工作，主要包括以下几方面内容：

1. 档案资源的收集工作

档案资源是档案工作的重要内容，档案资源的数量直接关系到档案工作开展的广度和深度，因此，应加大力度对档案资源的收集工作，不漏掉任何有价值的档案资料，在质量和数量上保证档案资源的完整性。

2. 加强档案目录数据库的建设工作

档案目录数据库建设是档案信息资源建设重要组成部分，与档案信息检索的速度、检索内容息息相关。在档案信息资源中，档案目录数据库处于龙头地位，档案目录数据库建设是信息化建设重要组成部分。

3. 加强档案全文数据库和多媒体数据库的建设

档案数字库的建设应着眼于现实需要，做到分步骤、分阶段实施，完成档案全文数据库查询，实现服务质量与效率的不断提升，满足利用者对档案的不同需求。

4. 加强电子文件的建设工作

各地档案馆应把电子政务的网络平台建立起来，充分发挥档案资源的管理优势，建立电子文件管理中心，对电子档案和文件准确、快捷、方便地接受，利用资源优势，开放网上的电子档案，社会经济建设服务。

（三）安全规划

安全规划是信息化建设的一项重要内容。档案信息安全除了考虑一般信息化的要素外，还必须考虑档案信息管理所要求的安全，因此，按照安全原则指导档案信息化建设，是由信息化特点决定的，是由档案工作固有特点决定的。为此必须做到以下几点：

一是维护系统的安全。档案信息化建立在计算机系统平台的环境中，计算机技术发展到今天，各种计算机病毒具有很大的杀伤力，对任何计算机系统都能构成威胁。一些黑客的攻击也常给网络的运行造成极大的破坏。因此，维护系统安全是信息化实施必须遵守的原则。在实际操作中，防黑客、防病毒等措施的配备必须完善，系统安全性能的检测和防护制度必须建立并落实，保证整个系统能正常而稳定且运转。

二是维护信息的安全。系统的安全保证了整个系统的正常运行，但不能保证整个系统信息的安全。因此，确保信息权限设置功能的健全是维护信息安全的重要措施。从利用功能上说，对各种不同的信息要设置不同的密级，以满足各个层次用户的需要，为此要设置不同的密级权限，这是有效防止信息失密的安全措施。一个高质量的信息系统存储的信息越多，信息处置的权限规定也越明显，信息的保管也越安全。

三是要建立安全的信息制度。信息安全制度包括的内容很广泛，有针对个人的安全责任制、针对信息安全的数据异地备份制、针对系统安全的定期安全检查制、对信息使用安全的操作控制，以及工作人员的安全意识、安全责任的承担和安全失职的处罚等。

总之，维护安全制度的建立和推行，与维护系统和安全措施的建立和执行一起，完整地构成了信息化系统安全运行的保障机制，充分体现了档案信息化过程中安全原则的全面贯彻。

安全规划信息资源管理是实施信息化建设不可或缺的重要层面，而网络安全是关键，安全管理必须纳入档案信息化建设的总体规划，并作为重要内容来建设。安全规划的体制和措施主要有以下几点：

第一，建立档案信息安全保障体系框架，逐步完善档案信息安全管理体制。强化管理档案信息资源，保障档案数据库的安全；强化电子文件归档工作标准规范的指导和监督，确保档案电子文件的有效、完整和真实。档案部门的内部局域网必须物理隔离于公众网，在局域网内强化管理措施，通过网络行为控制系统，为档案信息网络传输安全提供保障。

第二，在档案信息资源开发和网络建设工作中，各级档案部门要提升信息安全意识，对上网信息的管理与审查进行强化，避免发生泄密、失密事件。严格遵守有关安全保密制度，禁止上网共享任何非公开的档案信息，要严格鉴定、控制上网的档案目录和全文信息；将公开的档案目录或全文共享到公众网的要采取严格的安全措施，为共享信息安全性提供保障。

第三，要制定严格的工作人员安全管理制度，加强安全教育，明确安全责任，建立安全监督机制。要建立工作过程的状态网络，跟踪工作人员的操作过程，通过制度管理和系统控制，杜绝人为安全事件的发生。

第四节 档案信息化管理的途径与过程

一、档案信息化的实施途径

（一）整体引进模式

"整体引进模式"是对有着较高信誉度、经验丰富的开发商进行选择，由其对档案管理商品化的软件和软硬件设备进行提供或统一购置，由专业化的实施队伍负责完整实施项目。

好的软件是由具有丰富经验的管理专家和高级专业计算机技术人员共同开发，蕴含了许多先进的管理思想和手段，针对档案室提供各种具有功能的模块。这些软件模块为档案流程的优化与重组提供了可借鉴的参考模型，能够在较高的层次上提升档案管理水平，已拥有大数量的用户，经过实际考验都成熟稳定，质量有保证；售后维护有保证，有利于档案信息系统的更新。

商品软件追求的是通用化，从深度到方位上看，商品软件的功能通常能够满足档案管理部门的部分需求，但缺乏较强的系统实用性，无法形成鲜明特色。在实施的过程中，如果仅依靠软件的提供商，可能导致用户的行事过分依照软件提供的立项模式，对档案管理的具体实际予以忽视，或软件提供商对用户的所谓特色过分依从，导致软件不再具有通用性和先进性。这种模式缺乏源程序代码，系统二次开发与后期维护都会面临很多困难。

（二）自主开发模式

采取自主研发模式的单位一般技术力量较强，具备较强的软件开发实力，这种研发的模式，一般是由单位根据档案业务管理的需求进行定制开发，随着业务的不断开展，对系统进行完善和改进。此模式适合业务比较特殊和有特殊需要的档案部门。这种研发模式的优点，是能充分考虑本单位的业务工作需要，针对性强，系统实施相对比较容易，可以考虑本单位使用的细节问题，其风险较小，可以培养自己的研发队伍，对于今后的系统维护和更新都能及时到位。缺点是由于大多数档案管理队伍的人员结构不合理，业务人员多，技术人员少，高新技术的系统开发人员更少，技术人员不仅要开发系统，还要跟踪现代信息技术的发展并进行系统的维护，考虑系统的安全备份等问题，自主研发的工作量较大，开发的周期较长，相对成本较高。自主开发人员不是专门的研发公司人员，在系统的开发过程中，与社会上的先进软件相比还有一定局限性。

（三）对外承包的开发模式

采取这种研发模式的单位是资金较雄厚的单位。采取的方法是购买社会上开发好的现成软件，或者选择一家软件公司按档案业务实际需求定制开发，把档案信息系统的开发工作对外承包出去。这种模式对于档案部门的工作人员要求不高，在数据的备份和系统的维护方面，主要是聘用专业的技术人员来做，或是委托给专业的公司。这种方案适用于业务比较简单的档案馆（室），它的优点是充分利用了外部信息技术公司的力量，开发时间较短，降低了开发成本；缺点是如果不注重培养自己的研发队伍，导致研发单位的人员不熟悉档案业务，开发系统的实用性较差。档案机构人员对信息技术的认识不充分，很难提出好的建议，难以对开发单位的需求和设计资料进行准确评价，到使用时才发现较为准确的需求，给正常运行带来困难，浪费了投入资金。为解决好开发与使用之间的矛盾，档案部门在选择开发机构时，应选择开展档案信息化解决方案的专业开发商，注重考查该公司的咨询和售后开发能力。这些公司的工作人员要有咨询能力和培训能力，能够促进档案管理人员尽快理解和掌握系统的管理思想和应用模式，能够提供长久的系统更新能力和良好的售后服务能力。

（四）外包与自主开发相结合的模式

这种模式也称为混合型模式。采用此类模式的档案部门基础条件较好，资金较充足。这种模式是目前档案管理采用较多的一种方式，优势是由开发商解决技术难点，对开发过程进行科学安排严格控制，既解决了档案机构开发队伍经验少、技术力量薄弱的问题，又为档案部门培养了懂业务、懂技术、懂管理的复合型人才。档案管理机构还可以拥有信息系统的知识产权，更重要的是软件开发切合用户的实际要求，对系统未来的运行和维护有保障。目前，规模较大的一些综合档案管理机构大多采用此种模式。事实证明，这种混合性的实施模式是目前较理想的运行模式。

二、档案信息化实施的过程

档案信息化的实施过程是指在国家信息化政策的总体规划下,按照信息化建设的整体要求,确定档案信息化建设的战略目标、总体规划,在人员、技术、资金、环境等各类资源已经具备的情况下,开展档案信息化建设与档案信息管理系统的应用。

(一)正确理解国家信息化战略与档案信息化之间的关系

1. 要正确理解国家信息化战略与档案信息化建设的关系

国家档案信息化战略是档案信息化目标、远景和职能的拓展、业务流程转变的完整融合,它描述了档案信息化的目标与方向、信息体系结构、技术路线、操作方法、信息化过程的内部操作标准、软件系统的评估方法和考核的指标体系等众多"软性"的规划和策略。

2. 要正确理解档案信息化规划与信息系统规划之间的关系

信息化工作实际上是信息化战略的执行过程,它所研究的内容与信息化的战略有非常大的相关性。在战略体系下,具体软硬件系统设计过程是指在信息化战略的指导下,分解总体目标,针对不同的业务内容、工作流程提出功能模式,做出系统建设的成本预算,制定系统的实施计划,确定系统的组织、管理、选型方案、评估标准和过程控制方法。

总之,系统实施是信息化建设的重要内容,是完成系统建设并投入使用的关键业务过程。它的成功实施标志着信息化战略与规划决策的正确性,是信息化进入实质性运行阶段。

(二)从思想上充分认识档案信息化建设的艰巨性和复杂性

档案信息化建设是一项历时较长、涉及面广、内容复杂的系统工程,档案管理信息系统的实施与应用,是以档案业务为核心,以计算机技术、网络技术和信息技术为手段,以现代管理为指导,以提高档案的利用率和利用价值为宗旨,开展的一项划时代的业务革命,目的是提高档案的信息化管理水平,挖掘档案的社会价值,提高全民族的文化素养,推动社会进步,改变经济增长模式,适应信息社会发展的需要。AMIS(自动化管理信息系统)的实施与应用是涵盖计算机工程学、项目管理学、档案管理学、信息技术等多学科知识的系统化应用工程,在应用和实施的过程中,要严格遵循软件项目管理的先进理念,将多学科知识融会贯通档案管理信息系统实施与应用的每一个环节,要求参与档案管理的所有人员,特别是信息化项目的主要责任人,必须从思想上认识信息化建设的艰巨性和复杂性,在思想上、认识上和行动上做好迎接挑战的准备。

1. 从思想上充分认识到,信息化是一项具有划时代意义的新型工作

其最终的目的是提高档案的现代化管理水平,挖掘档案的价值,提高全民族的素养,推动社会进步和改变经济增长的模式,适应信息社会发展的需要。档案工作人员在充分认识到档案信息化带来巨大的社会经济效益的同时,也给各级领导和基层工作人员带来工作上的方便性和灵活性,使每个从事档案工作的人员都真正成为信息化的受益者,从而达到统一思想、统一认识的目的,确保档案信息化工作的顺利开展。

2. 加强档案管理业务的学习

信息系统的应用是实现档案信息化的基本手段,其一切活动的开展,必须服从档案业务的全过程和未来信息发展的需要。信息系统的应用要求档案工作者必须是懂业务、懂技术的复合型人才。如果说信息专业技术人员将软件系统设计完成后,仍然对档案业务及其知识一无所知,对档案管理流程含糊不清,那么他所设计的系统一定无法使用。因此,档案技术人员在开展信息系统基础工作时,必须加强对档案管理业务的学习,在了解、熟悉、分析档案业务和档案学基础知识的基础上,综合运用档案学、信息技术、计算机技术、网络技术等知识,加强对档案管理的理论、原则、策略、方法等内容的探讨与研究。

3. 加强网络信息技术的培训

在信息化的今天,档案管理人员必须加强网络技术知识的学习,以提高自身的管理水平。档案信息化是一个系统的复杂工程,其过程包括可行性的论证、系统的规划、详细的设计、编码、实施、应用和持续性的维护等多个阶段,每个阶段都涉及多方面技术知识的渗透、融合与综合利用。同时,整个信息化建设过程是不断完善和逐步发展的过程,所有参与人员包括管理人员、操作人员、系统设计、系统开发和应用实施人员,都必须了解清楚各个环节的紧密关系和各个业务功能模块的来龙去脉,只有重点掌握自己业务范围内和所操作的系统功能模块的基础知识,才能使整个系统顺利运行并不断得到应用和完善。

4.加强档案信息资源的建设工作。

档案信息化建设涉及非常广泛的内容，伴随社会时代的不断发展与进步，这些内容也不断丰富，档案信息化建设面临着颇为艰巨的任务，遭遇诸多困难，我们应当对这些难点、挑战有重点地进行突破，将"建设信息资源"作为一项核心工作，狠抓到位，实现重点带面的良好局面。当前，信息已成为非常关键、重要的社会资源，作为一种原生信息，档案信息起到的作用也日益重要。

对于档案工作而言，建设好国家的档案资源是其中心任务。重点涉及三方面内容：一是加快建设现有档案馆藏文件及目录数据库和全文数据库，满足人们"快速检索利用"的需求。加快现有档案目录的建库、著录、整理工作，局部实现档案目录级检。二是如果档案部门条件允许，应当加快利用频率高的、容易受损的、重要的档案数字化进程，对重要档案强化安全保护，实现档案利用率的提升。三是针对那些新产生的电子文档，利用现代技术手段，对科学的管理方法加以采取，更好的收集与管理。

伴随电子政务和信息技术的不断发展，未来数字档案信息将以"电子文件"为新的主要来源。在信息化时代，将电子文件收集好、管理好、利用好，是一项至关重要的任务和重要课题。各级档案部门要对本地区、本部门电子文件的产生过程积极介入，强化监督、指导电子文件的积累、鉴定、著录、归档等环节，确保归档电子文件的有效、完整、真实。要对电子档案的接收、保管、利用的技术方法进行研究探索，为电子档案发展奠定基础，做好充分准备工作。

5.不断提高档案信息化的服务水平

档案管理工作是一项服务性的工作，它的根本任务是为国家建设和社会发展提供可靠的信息服务，在信息资源共享成为社会发展趋势的背景下，档案信息资源因其独特的价值日益受到社会的关注，档案信息资源的社会共享，已成为国家档案事业适应社会信息化发展潮流所亟待研究的重大课题之一。随着社会经济的不断发展，人们的社会信息意识不断增强，为信息资源的社会共享提供了良好的发展空间。

新时期档案工作应满足如下要求：经济建设发展到哪里，档案工作就要随之延伸到哪里；政治建设发展到何种阶段，档案工作就要服务到何种阶段；文化建设发展到何种水平，档案工作就要服务到何种水平；党的建设对档案工作提供何种要求,档案工作就要提供相应服务以满足这些要求。

我们应当从社会信息化客观趋势出发,不断对传统档案服务方式进行优化,实现档案工作与时俱进和创新,更好的推进档案信息化建设。要实现档案服务方式的创新就必须更新服务理念,整合档案资源,实现档案服务工作质的飞跃,使档案信息资源的社会化共享逐渐由理想变为现实。

6. 安全保障体系的建设

档案作为人类历史的记忆和现实工作的支撑,其信息的安全性至关重要。因此,在管理信息系统实施与应用的过程中,应保证档案信息不流失到非保管单位和个人手中,应确保档案信息安全并可读取,应确保档案信息分权限管理和分权限查询、浏览并检索利用。这需要对档案管理信息系统提出安全保障要求,重要的是实施单位要加强安全管理措施,安全管理方法要得当。

对于档案信息化建设而言,安全保障体系的建设是一项非常重要的内容。在对档案信息资源进行开发利用,对网络系统进行建设的过程中,各级档案部门必须实现信息安全意识的提升,避免出现档案丢失问题,避免泄密、失密现象。要想信息安全,必须实现安全保密技术应用,依托先进的技术手段。在档案网络技术建设中,首先,必须对信息安全保密技术充分应用,将档案信息传输与存储安全保密问题解决好;其次,将完善的保密制度建立起来,在信息化建设的过程中,各级档案部门必须制订操作性能好、针对性强的信息安全保密规定,保障档案信息的安全;最后,要建立严格的管理制度,各级档案管理部门要强化档案网络信息公布、数字化转换、档案著录标引等过程中的安全管理,对安全责任制加以建立并落实到位,确保互联网上不会出现任何非公开档案信息,对那些已公开的档案目录或全文查询服务,要认真采取安全防护措施,实行严格的授权管理体系,确保档案信息和系统的安全。

要把档案安全问题提到议事日程上来,任何时候都不能有丝毫懈怠,越是在信息化程度日益提高的情况下,越要全面兼顾档案的实体和信息安全。要严格执行档案安全保管的责任制度,杜绝一切事故隐患;严把档案利用审查关,不该提供利用的档案坚决不能提供利用;要严格执行"三网"隔离制度,采取可靠的防范技术和措施,确保档案部门的网络信息安全,对于面向公众的网上信息进行严格审查,确保互联网上信息的安全性。

(三)加强资源建设

1.人才资源建设

档案信息化管理系统改变了传统的手工操作方法,对档案管理人员的整体要求比传统的管理要高,它的应用涉及许多方面的知识,需要档案管理人员有变革的管理思路。这就要求档案管理机构转变管理理念。档案管理信息系统蕴含着现代管理思想,如归档流程的自动化、信息著录标准化和信息著录的一致性、系统集成等现代管理理念。它的成功应用是在对其进行深刻理解的基础上才能见到的效果,这要求决策者、业务人员能够接受和理解。

档案管理者在充分认识网络化应用带来方便的同时,也带来了一些新的问题。只有认识到,提高档案管理信息系统是提高业务服务效率与质量手段和资源共享的重要性,认识到需要不断学习新知识和档案管理系统是助手,档案业务人员才能将工作重心转移到钻研业务、深层次管理开发利用上。总之,要建立一支既熟悉档案业务又懂信息技术的人才队伍,不断提高档案部门的人员素质。档案馆一方面应通过实施各种培训,提供各种学习条件,使档案管理工作人员很快熟悉掌握信息技术的理念、方法和思路;另一方面,应大胆引进信息技术、网络技术等方面的人才,将信息技术融入档案业务管理中,使档案业务人员真正达到业务与技术双精通,做到各尽其用。

2.信息资源建设

网络环境的核心资源是档案的数据和信息,它们是网络环境的基础资源,离开了这些基本资源,网络信息化就成了无源之水。在实际运行的过程中,不是所有的档案部门都能重视这些基本资源的建设,有一些单位在规划实施甚至已经购买了设备和软件后,还未将档案的目录进行整理,系统就被淘汰了,更不用说电子文件的管理。因此,各单位在建设网络环境前,必须将基础数据录入到档案专用服务器中,建立分类数据库,为应用网络管理系统打下良好的基础。

数据信息录入必须遵循标准化、规范化的原则,这是国家对档案信息化建设的基本要求,并不是所有的信息化单位都能够做到。在一些使用单机版的单位,其档案数据在遵循标准和规范方面,离国家规定的档案管理目标还有很大的距离。因此,在进行网络化管理信息系统时,必须提前做好录入数据的规范性工作。

数据的整合是网络化之前必须做的工作。数据的整合是按照标准、规范和网络化资源共享的要求，将同类和相关数据进行整合，将数据字段整理出来，进行合理的分类；将原来独立存在的数据进行分类整合，抽取其中规范的数据字段以方便统计，这项工作是档案信息资源建设的基础工作。

3. 安全资源建设

一个安全、稳定、可靠的信息系统是顺利开展工作的可靠保证。网络版的档案管理信息系统，必定需要支持网络化应用的数据库管理系统，目前的解决方案只将档案目录信息存储在关系性数据库中，而将电子文件全文存储在文件服务器中，这样又多了一层数据管理，这些数据一旦出问题，系统就失去存在的意义，因此，只有制定相应的档案管理信息系统的安全保障措施，才能保证档案信息和信息系统的安全，才能保证信息化战略的顺利实施。

4. 设备资源建设

网络是信息化的基础设施，拥有一套可靠、稳定、安全的网络设备是档案信息化的基本保证。由于使用单位的情况各不相同，因此，在建立本单位的网络体系时，应根据实际需求状况和本单位的发展需要，构建适合自己的网络运行环境，这样既能保证目前的正常使用，又能为将来的网络扩展创造有利条件。

一般来说，网络布线、端口设计、设备摆放等网络基础设施的建设，在设计建楼时已经被考虑并实施，但在使用的过程中，也会随着需求的不断变化而逐步调整。对于网络设备的购买，要结合本单位的实际需要，在购买的过程中要严把质量关，确保购买的设备是先进合格的产品，绝不能为了贪图便宜以次充好，造成设备在工作过程中故障频繁。网关、防火墙、入侵检测等安全产品是网络安全保证的基本需要，如果将本单位的计算机接入 Internet 没有采取任何的保障措施，那么是非常危险的，是违背安全保证工作条例的。

第五节　档案信息化管理的步骤

一、与信息系统实施有关的基本要素

（一）项目组织

项目组织与团队建设是项目启动工作的重要内容，是决定整个项目能否成功的关键因素，每一个项目的实施都涉及多方面的组织或个人的参与。为了确保项目的进度，把好项目的质量关，控制项目的资金投入，监理方通常被聘请来全面监督项目的执行，因此，项目的实施涉及建设方、用户方和监理三方的利益。

1. 建设方

承担信息系统建设的集成商或软件系统的开发商的职责是提供商品化产品，为客户提供信息化解决方案，根据需要进行客户化定制、实施、操作和实施软件系统，以及开展必要的咨询和培训等工作。

2. 用户方

客户是项目承担的主要对象，是档案信息系统实施与使用的最终机构。其主要职责是根据自己的需要设立项目，选择供应商、开发商及软硬件产品。客户是项目的出资方、成果的使用商和受益者。

3. 监理方

客户出资聘请的项目实施顾问和项目建设质量监督方应对客户负责。其主要职责是监督和控制整个系统的进度、成本、质量等风险的综合要素，维护用户的权益，降低系统建设的成本和风险，提高系统实施的成功率。

总之，项目的成功开发需要协调这些利益相关者之间的关系，选择平衡点，最大限度地调动所有参与者的积极性，减少项目实施过程中的阻力。

（二）项目团队

项目的开发对"人才"有很大需求，因而应当建立一个强有力的工作团队，有组织地进行建设。项目团队几乎囊括了全部项目相关者，在项目实施的各阶段对相关团体进行组织。在项目启动前，成立项目委员会应分析项目的可行性，在项目的执行过程中，项目经理起着举足轻重的作用。

当前，在我国开展档案的信息化建设基本形成了两套体系：一套是开展信息化建设和运行维护的信息管理组织体系；二是当前已经存在的行政及业务管理组织体系。存在两套体系的主要原因，是业务管理和信息化应用没有真正融为一体，业务管理和信息化的应用上存在着观念和认识上的差异。立项的管理模式是二者合二为一，要求档案管理的领导是既懂档案业务，又懂信息化业务的现代管理的复合型人才，要求信息化管理机构中的每一个员工都要把档案业务和信息化管理结合起来开展工作。

(三)项目资源

资源包括广泛的内容，如无形资源、有形资源、外部资源、内部资源和自然资源等。资源既包括环境资源、技术资源、资金资源和人力资源等对项目开发进行支持的资源，也包括档案信息化建设过程中不断产生的信息技术资源，如软件资源（应用系统、操作系统等）和硬件设备（服务器、网络等），还包括档案信息资源。所以，我们要对设备资源和软资源管好、用好。

在项目开发的不同阶段，资源也有着不断变化的需求，对于部分资源而言，一旦用完应当立刻进行追加。不论何种资源，只要出现短缺、滞留和积压问题，都会让项目遭受损失。所以，对于项目管理而言，高效、合理地使用各类资源是非常关键和重要的。

(四)项目的进展

项目的进展情况需要根据项目的目标要求制定，然后才能落实。这些计划的制定对供应商、开发商和档案管理人员的工作进度都有明确要求。事实上，在档案信息化建设的过程中，由于档案机构内部人员的不配合、工作繁忙、需求变化等影响项目进度的情况比较常见。因此，项目在实施的过程中，要求每一个参与此项工作的人员都要明确自己的职责与进度要求，才能保证项目的顺利进行。

(五)项目的质量

质量在信息系统的管理中起着举足轻重的作用，直接关系着档案管理机构的根本利益，也影响着供应商和开发商的声誉。应该说，参与项目的每一个成员都希望获得高质量的实施效果，这也是客户的最终满意度。在信息化的过程中，要想保证产品质量，必须严把质量关，严格过程的质量监控，落实阶段目标，只有保证了每个阶段的质量，才有可能保证最终的项目质量。由于参与项目的多方机构和人员对信息化项目的认知程度很难达到完全统一，质量的标准也不完全一样，即使用户在当前满意，也可能在短时间内降低满意度。因此，加强开发商与用户的沟通、交流，双方达成共识仍然是保证项目质量的有效方法。

二、系统规划

对于项目工作的关键性、全局性、前瞻性的实现而言，系统规划是第一步。

系统规划的主要成员是档案信息化建设的高层信息管理人员和高层行政管理人员，其主要任务是，对系统实施方案和实施过程、系统的体系结构和系统实施的目标进行确定。所以，对于系统规划而言，参与系统规划人员掌握信息技术、现代化管理和档案业务的程度，及其务实态度、创新精神是其有效开展的前提与基础。

系统规划阶段所做的主要工作有：工作团队的组织、系统实施的进程计划、信息系统部署方案的确定和资金的分配使用方案，人力资源、行政管理、技术支持的协同和对项目实施过程的风险估计。

三、系统开发

系统开发是信息系统建设工作的核心，这一阶段的工作是由承担信息化建设的软件供应商来完成，档案馆工作者的主要任务是提出目标阶段的需求，档案馆的技术支持人员，在业务工作者和开发人员之间起到沟通桥梁的作用，并解决系统开发过程中的问题。

分析市场的需求是项目开发的最终目的。所以，项目开发的基本任务是要了解市场需要什么样的软件系统；该软件系统具有什么样的功能，这些功能的优缺点是什么等；尽管项目在启动时已经确立了系统的目标，但这个目标相对来说是宏观的、大概的，一些具体细节的内容并不明确，因此，明确需求将会对目标系统提出完整、准确、具体的要求。

需求分析阶段主要涉及三类人员，即档案业务的管理人员、管理信息系统的研发人员、系统的实施人员，这一阶段的主要任务是加强沟通和交流。这一阶段对档案管理人员的要求，是能够准确地描述当前及未来业务的发展需要，系统分析并能够准确地理解、认识业务的需求，必要时可以借助自身的工作经验对客户进行启发和诱导，让他们说出更深层次的业务需求，以便指导今后的开发工作。

需求阶段的工作内容主要包括以下几个方面：

①组织结构的调研与分析。了解用户单位当前的机构设置与管理模式，充分分析其利用的合理性、完整性和运作的有效性，用以确定信息系统的体系结构，包括系统的运行结构、功能框架结构和系统的总体部署方案。

②对实际需要的调研分析。以用户的需要为出发点，充分考虑用户对软件的

实际需要，编写可满足用户需求的规格说明书和用户手册，表述对目标系统外部行为的完整描述，需求验证的标准，用户对系统的性能、质量、可维护性等方面的要求，以及用户界面描述和目标系统的使用方法等。

③信息化现状的调研分析。在充分调研的基础上，了解归档单位与档案馆目前的硬件和软件运行环境、当前应用系统的使用情况、当前的数据格式和数据规范性、数据处理的方式等，分析需求开发的继承接口系统的内容和功能、数据迁移和数据导入导出的需求，确定进行二次开发或进行系统实施过程中的具体工作、任务和软硬件系统的需求。

④对需要的检验过程。系统分析人员需要在档案管理人员和系统软件的实现人员的配合下，对自己生成的需求规格进行检验，保证软件需求的全面性、准确性和可行性，获得档案管理人员的认同，对需求规格和用户手册的理解达成共识，达成对目标系统理解的一致性，发现问题及时解决。

我们所做的需求信息的获取、需求的分析以及编写需求规格和需求说明等工作是相互渗透、增量并行和连续反复的，其工作的过程主要包括以下几个方面：一是系统分析员和档案业务管理员开展的面对面的交流，记录用户提供的信息，即开展信息的获取活动。二是系统分析人员对获得的信息进行分析归类，对客户的需求同可能的软件需求相联系，就是开展需求分析活动。三是系统分析人员对档案业务需求信息进行结构化的分解，编写成文档和示意图，形成需求规格的说明书。四是组织档案管理业务的代表评审文档并纠正其错误，完成需求的验证工作。以上这几个过程是由浅入深、循环往复并渗透到客户业务系统的各个环节，贯穿客户业务系统的各个环节，贯穿需求分析的整个工作过程，直到双方对目标系统的功能、流程、接口、数据、操作等多方面达成共识后，需求分析阶段的任务才结束这并不是说业务需求就不可再发生任何变动，而只是需求的"相对锁定"。

四、系统设计

系统设计是基于对需求分析的工作成果，对于系统做深层次的功能分析实现流程设计，分析总结出行之有效的系统实施方案，使整个项目在逻辑上和物理上得到良好的实现，从而实现对最终目标系统的准确架构。

（一）软件系统设计

软件系统设计的首要任务是体系结构的设计，在此设计的基础上逐步完成详细的设计工作，把设计的风险降低到最低程度。虽然一个良好的软件结构不一定能产生令人满意的软件，但一个非常差的软件结构设计，一定会导致软件项目的失败。因此，我们应高度重视软件的设计工作。

（二）软件的编程

编程是软件系统实例化的具体过程。在完成系统分析和设计工作后的主要任务是，信息系统运行结构、模块结构和数据组成的确定，下面的工作是把系统设计的结果翻译成某种程序设计语言编写的程序，及信息系统代码编写的具体工作。这一阶段的任务是，将需求分析、系统设计结果和内容转换为用户需要的实际应用过程。

（三）系统的自测试

软件的测试是系统开发过程中非常重要的环节，是系统实施阶段的一项重要工作。开发人员进行系统自测试的目的是，尽可能地发现和修改系统设计、系统编码中的错误，开发人员自测试阶段发现的问题越多，交付的目标系统的质量就越高，后期纠错型的维护工作就越少。

在实施和应用档案管理信息系统时，软件开发的执行人因项目的开展方式不同而有所区别，如果是自主研发，就是本单位内部技术人员在开展系统设计、软件的编码和测试工作；如果对购买商品化的软件实施方案进行采用，那么一般的供应商可以从档案业务的标准流程和共性出发，将管理信息系统的原型产品开发出来。本阶段的主要工作是，用户对商家的产品进行熟悉、使用，更多的是从自身需求出发，测试系统性能、功能等方面，明确商家产品能否满足对目标系统的要求。如果对商品化应用与自主开发相结合的方式进行采用，也要对上述三个环节的内容进行执行，同时改造商家提供的产品原型，以便与本单位业务管理需求相适应。

五、系统实施

系统实施的主要任务是软件系统的客户化定制过程，这一时期的主要任务是建立能满足需求的软件系统。其工作的内容主要包括：客户化的定制、系统的测试、系统的试运行、数据的导入与客户的培训。系统实施阶段任务如下：

（一）对软件系统的针对性定制

这项工作主要包括四项内容：一是框架定义，即根据用户的业务需求建立系统总体框架结构，如按照档案的门类进行系统分类，或者按照信息分类方式与用户自己的管理方式进行分类定制；二是数据库结构定义，即按照每一个档案门类确定逐个字段的属性、操作方式等；三是业务流程的定义，即按照用户对档案业务流程定义系统的功能；四是用户模型定义，即按照实施单位用户操作系统的功能和数据权限建立用户模型，并授予其操作权限。

（二）数据的整合

在系统的使用过程中，数据的迁移、载入等工作是需要软件的供应商来帮助完成，用户单位的主要工作是定制数据的管理规则、严把实施过程关，建立严格的档案保密措施，保证档案信息的安全。这一内容是实施过程中工作量较大的部分，是最容易被忽略的部分和出现问题的部分。档案管理部门应充分认识到这一点，在实际工作中引起足够的重视。如果原有的数据不能安装到系统中，那么新系统的实施工作就等于失败。

（三）系统的检测试用

当客户定制了新的软件系统，把原有的数据迁移、装载完成后，一个新的应用系统就建立起来了。在工作完成的过程中，先由供应商或软件开发人员对系统的原型进行全面测试，测试的过程要按照软件的要求严格进行，由监理单位严格把关，并从专家的角度提出测试意见和改进意见；后由用户单位的档案管理人员，根据最初双方形成的分析报告中规定的系统功能进行测试，如果测试没有问题则进入试运行阶段。

对用户来说，试用和测试新软件的过程非常重要，它是检验软件系统的过程，也是对一个系统的学习、理解和接受先进管理理念的过程，要求所有的用户积极地参与并提出合理的建议，以便软件开发商对软件中不合理的部分及时改进，通过不断地升级更新，试运行一段时间后，确定一个用户系统运行的版本，达到最终满足用户需要的目的。

六、系统的应用和培训

（一）对管理人员的培训

应根据档案管理系统对各类管理人员的要求，结合用户对计算机操作系统、网络知识、数据库知识的掌握程度，根据信息系统管理人员的工作内容进行分期培训，以适应新系统对档案用户的要求。

（二）系统的操作培训

结合 AMIS（自动化管理信息系统）的用户操作手册，对用户进行有针对性的培训，确保每个用户都能够在自己的权限范围内完成正常的系统与业务操作。业务人员在培训完成后要参加上岗前的考试，其目的是督促业务人员掌握培训内容。在系统各级操作人员对应掌握的内容都掌握后，用备份的数据库文件替换用户培训时使用的数据库文件，使系统投入试运行。

（三）系统信息的归档

整理此次系统实施的架构模型，特别是基础数据表、工作流程，形成本单位独有的系统运行模式，将本单位的数据库结构进行拷贝和归档，以备未来使用；建立客户信息档案，将其基本信息实施情况、使用系统版本情况等进行归档，将数据库结构一同刻录成光盘进行归档，为系统的升级维护奠定基础。

（四）系统的实施切换

当用户得到一个可以真正接受的系统后，就可以实施系统的正式切换，就可以正式利用新系统开展工作，为了保证数据的准确性和防止数据的流失，在应用新系统工作时不要急于将原有的系统毁掉，应在使用新系统后继续保留一段时间，在确保没有丢失数据后再彻底停止对原有数据的使用。系统在切换的过程中，一定要将系统试运行阶段的部分数据及时装载到新系统中。

七、系统的检测和验收

档案信息系统项目的验收标志着该系统已经得到用户的认可，也标志着实施工作将要结束。

在这一阶段，项目实施单位的工作内容为：在此项目实施的过程中，对于一些特殊性的信息资料，如增加了新的档案类型的数据库模板、增加了新的功能模块等，要及时进行整理，以便归档。整理可以作为项目验收依据的相关资料，如使用说明书、变更登记、用户手册等。另一项工作是编写项目验收的文档，结合项目合同和需求说明书的内容，整理出验收的内容以及目前的运行情况和验收的标准。

在这一阶段，客户方的主要工作内容为：成立项目机构，其主要职责是按照验收申请报告、项目的合同、系统试运行报告、需求说明书等材料，结合系统现场使用的情况和递交给用户的资料情况，检查实施工作是否达到了合同中规定的要求。另一项工作是进行项目的验收。由项目验收机构对系统实施的现场进行实地考察，检查各项实施工作。如果各项工作都已达到了合同中规定的要求，就可以验收通过；对于不符合要求的项目要提出改进和完善的建议。

八、对实时系统的评价

在投入使用档案信息系统，运行一段时间后，开发商和用户要从双方合作协议出发，根据彼此都认可的相关要求、系统设计方案和需求分析报告，综合分析系统并进行评价。评价内容为适用和实用程度，对如下问题进行重点分析：相较于从前手工管理方式，效率是否得到显著提升？当前已经对哪些问题进行了解决？是否能便捷使用？是否能收获预期效果？假如和最初设定的目标尚有很大差距，就算是能够对部分实用功能的要求进行满足，也不能称其为有效实施。

在最初对阶段目标进行设定时，我们应当采取较为灵活、实际的态度，运用多元化的方法，将成果的应用范围不断扩大。

一般情况下，衡量管理信息系统是否成功主要有以下五种情况：

第一，档案信息系统实施完全成功，即指项目的各项指标都已经完全实现或超过了预期设定的目标。

第二，档案信息系统的实施是成功的，即项目的大部分目标已经实现，基本上达到了预期的要求。

第三，档案信息系统的实施只有部分成功，即项目实施实现了原定的部分指标，没有达到预期的目的。

第四，档案信息系统的实施是不成功的，即项目实现的目标非常有限，根本没有达到预期的目标。

第五，档案信息系统的实施是失败的，即项目的目标没有实现，必须终止项目。

总之，对档案信息系统的评价结论是档案管理者应该十分重视的工作之一，应当从评价信息中获得档案管理信息系统实施过程中的经验和教训，以提高今后系统建设的成功率，提升档案管理信息系统的时效性。

第三章 档案信息化管理的实施方法与策略

网络信息化时代档案信息化是历史的必然。本章内容为档案信息化管理的实施方法与策略，论述了档案信息化管理的原则与方法、档案信息管理的实施措施。

第一节 档案信息化管理的原则与方法

档案信息化是一个系统的工程，信息技术的应用和网络平台的搭建是手段，数字档案资源的积累和管理是核心，档案信息的开发和利用是目的。档案信息化建设的重要内容是，建立一个标准、功能强大、安全稳定、可拓展的档案管理信息系统，并在档案工作中广泛应用。

实施与应用档案管理信息系统有三个要素：方法要科学、手段要先进、实施要得当。只有当领导和档案工作者，都充分理解、认识档案信息化和档案管理信息系统的必要性、重要性和有效性，且期待通过信息化来获得更大的效益时，才能实现档案管理信息系统的实施与应用。

一、实施的原则

在档案信息系统实施的过程中，应在遵循信息化建设总体原则的基础上，采取有效的技术型原则，以推动系统实施的成功。下面介绍的几项原则都是非常有效的基本原则。

（一）务实导向、重视实效

信息系统的实施以安全、稳定、实用、方便、易操作为主要目标，过分追求大而全、过于先进的软件产品是一种不务实的做法。这主要是由于需求不一样，行业有差别，同时信息技术、软件产品的更新换代非常快，市场上会不断有新产品出现。

（二）软硬件资源共同建设

信息系统的实施过程中，需要重视硬件平台的建设、设备的购买，更要注重在人力资源和软件系统方面的投资。信息技术人才、档案工作者是信息化建设的核心力量。软件系统的技术含量、现代化的管理理念更应该得到重视，只有硬件设施平台是无法开展信息化管理工作的。软件系统是硬件系统发挥作用的心脏，因此，应十分重视软件系统的开发和升级的投资。

（三）从实际出发，重视需求

信息系统的实施需要从当前的业务需要出发，提前做好需求分析，在一定阶段的实施过程中，锁定相对需求来开展实施工作。边研发、边实施、边改变需求的做法只能得到事倍功半的效果。而对于变化较大、新增加的需求，需要放在下一阶段进行。

（四）重视维护，升级换代

随着信息系统的不断应用，档案管理信息系统也在迅速地发展，它的难度也在逐渐增加，软件系统的安全、客户化定制等工作量较大、较复杂，非专业人员很难做到专业维护；为了适应应用的不断深入，就需要加强软件系统的拓展。因此，需要购买软件系统和相应的维护服务，以开展有效工作，支持系统拓展和业务的发展。

二、实施的方法

档案信息化系统建设有两种不同的策略和实施方法，即以组织战略为导向的战略推动类型，以实际业务需要为导向的需求驱动型。

（一）战略推动型

战略推动型的实施方法采取的是从整体到局部的实施路线，在观念、目标和方向达成共识的基础上，逐步将工作分阶段实施、分阶段完成。采用战略驱动型的方法实施的前提是，整体的目标和规划要从全局出发，更需要符合档案管理机构的实际需求，要注重发展的前瞻性和当前的实用性。一般来说，对实施战略管理的人员要求较高，既要有行业发展的规划能力，又要有信息化体系的架构能力，需要懂管理、懂业务、懂技术的专业档案管理复合型人才。

（二）需要驱动型

需要驱动型采取的是从局部到整体的实施路线。这种实施方法强调以当前业务需求为主，在观念、目标、方向和认识达成共识的基础上，逐步将工作分阶段实现、分步骤完成。采取战略驱动实施方法成功的前提是战略、规划的制定，要从全局的高度出发，符合档案管理过程的实际需要，要有前瞻性、发展性，要注重当前的使用方向；要求制定战略的人员，既要有行业发展的能力，又要有信息化驾驭的能力；需要懂业务、懂管理、懂技术、在档案管理和信息化的建设中有丰富经验的复合型人才。

真正意义上的"战略驱动"实施方法，并不是不允许在实施过程中坚持"永恒不变"的策略，是应根据实际需要和业务变动的需求进行机制的调整和完善，因战略与规划已制定，落实的过程需要很长的时间，而信息技术在发展，档案业务也在改进，管理模式亦在变革。因此，实施的过程必须根据需求的变化而有所变革。

目前，我国档案信息化建设正在走向标准化、规范化，"战略推动""需求驱动""总体规划""分步实施"成为主流实施策略。各档案管理机构应紧密结合全国档案信息化的发展战略，将档案信息化纳入本单位档案信息化的全局，制定符合本单位业务发展要求的信息化规划和信息系统的实施方案，在实施和应用的过程中，将以"务实"为导向、自我调整的策略贯穿信息化建设的始终。

第二节　档案信息化策略的实施措施

一、需要型措施

档案信息化是社会信息化的重要组成部分，与其他信息化的建设部门有许多相同的地方。为了在信息化的过程中少走弯路，减少失误，我们必须汲取成功者的经验和教训，对自己所选用的档案管理系统有比较深刻的认识，并对本单位的实际需要进行个性化的处理，这是一项行之有效的实施方法，但绝不是直接的照抄照搬。被选用的方案是在充分了解本单位情况的基础上，再借鉴其他单位成功与失败的经验教训，选择适合自己的管理系统来开展本单位的信息化建设，坚决反对照抄照搬的拿来主义，或者过分强调自己的个性习惯而不符合标准，这两种做法都是脱离了实际需要的错误做法，都是不现实不可取的。

二、有效化的措施

在档案信息化的实施方法上，要结合本单位的实际情况，如人才队伍状况，目前档案工作开展的实际情况，不可偏颇任何一种实施方法。在选择实施策略上，应根据本单位的技术力量状况，如果本单位的技术力量比较薄弱，就选择现成的软件系统或者对外承包的实施办法，充分利用外在的专业化资源，不仅能够在短时间内实现快速实施与应用，还可以降低实施成本。如果本单位的技术力量较强，建议采取自主与外包相结合的实施方法。对于专业性强、功能复杂、开发周期长的系统，可以采取外包的形式，降低实施成本，提高实施效率。在开发的过程中，本单位可以派人参与软件的开发和项目跟踪，了解设计的细节，为交付使用后系统的更新和维护打下良好的基础；对于专业性不强、设计的流程较为简单、开发周期短的系统，可以采取自主开发的方式，不仅节约了购买软件的经费，还培养了自己的技术人才，加强了本单位的技术队伍力量，培养了本单位的业务骨干。

三、过程化措施

（一）加强宣传过程

使大家充分认识到信息化策略实施是国家信息化策略的重要组成部分，以及信息化的目的和意义，认识管理的规范化给社会带来的良好的经济效益，认识落实信息化策略的实施工作，是当前形势发展的需要和档案信息化建设的需要。

（二）加强培训过程

加强对工作人员的业务培训，如计算机技术、档案管理软件使用和安全技术防范措施的培训。

（三）规划制定过程

根据业务需求进行咨询和总体规划，包括信息安全、资源需求、系统功能等，可以了解同行业的实施情况，或通过咨询公司的规划，有针对性地开展工作。

（四）购买软件过程

在充分调研的基础上，结合本单位的实际情况，选择那些售后服务信誉比较好的大公司和比较有发展前途的扩展性好的硬软件系统。

（五）选择示范，以点带面

根据工作的实际需要，选择那些比较重要的部门实施，先树立一个示范典型，以点带面，全面突破；在成功示范应用的基础上，根据馆内业务的发展需要，逐步把信息化建设扩展到整个单位的每一个部门。

四、安全保障措施

档案信息化的基础建立在网络软件和信息管理系统的基础上，但这些也正是引发安全问题的隐患所在。造成黑客攻击、病毒蔓延、信息窃取的问题在于安全架构不科学、制度不健全、管理不规范、措施不到位，其中有客观因素，也有主观因素，主要的原因是信息化建设之初，安全意识薄弱，技术方案不成熟，系统安全保护性能较差。要想在今后信息化的道路上走得更远，必须提高安全防范意识，强调今后在实施信息化的过程中，全面设计和考虑安全问题，制定并落实安全方案，加强信息过程的安全管理，对一些机密的档案落实责任到人，加强安全措施的技术监控，只有提高了安全意识，加强了安全管理的技术保障，才能保障计算机网络和信息系统的安全。

五、应用型措施

档案信息系统的实施与应用过程中最易出现"两张皮"的现象，即将信息化与业务管理分离开来出现一些极端现象。一种是业务部门照常按照原来的方式开展工作，雇佣临时人员来录入数据，档案管理者几乎不关心管理信息系统运行的任何情况，最多使用查询模块查一下档案的信息；另一种现象是业务部门的工作人员使用很少一部分功能，如基础信息的录入和查询模块，对于管理信息系统中流程化的管理思想全然不理解；还有些单位花巨资购买功能强大的信息管理系统，实际操作时仅习惯使用 Excel 简单的桌面系统，只将已录入的数据导入系统中，满足数据上网条数检查的需求，而档案信息系统中大量的功能如流程化管理、全文管理和全文检索都没有被应用，几年后系统又将拓展、更新甚至淘汰，造成了投资上的浪费和信息资源的损失。实际上，应用的不深入，本质上没有将业务管理与信息系统融会贯通，而是隔离开来甚至对立起来，结果花费大量的人力、物力来维护系统和数据，使人成为档案数据的奴隶，没有真正发挥信息技术的作用，反而成为管理人员的负担。

六、兼顾型措施

科学技术的发展使人们越来越注重人的因素，即"以人为本"的理念越来越受到开发商的重视。随着人们需求的多样化，一些个性化的产品、个性化的界面、个性化的业务流程和功能模块充斥整个市场，这就与档案信息化管理标准的规范化相矛盾。因此，如何认识和处理个性化和标准化之间的关系，是档案管理信息系统实施过程中的一大难题。要解决这个矛盾，必须在实施的过程中找到一个既能满足个性化要求，又能满足档案管理规范化的平衡点，从而促进档案业务与信息技术的融会贯通，而选择平衡点的前提是，档案部门应制定适应时代变化的标准和规范。档案工作者也应严格遵守行业规范以开展业务管理工作，个性化是在标准规范的基础上，根据管理需要进行扩充。因此，在信息化的过程中，要正确处理好标准化与规范化的关系、安全与应用的关系。当个性化与标准化发生冲突时，应先考虑标准化的原则，即个性化适应总体化的原则，这样才能解决好个性化与标准化的关系，保证信息化建设的顺利进行。

第四章　档案信息化管理的基础设施建设

基础设施是档案信息化建设的物质要件，是档案信息资源开发利用和信息技术应用的前提。档案信息化基础设施的核心是信息技术和网络平台，充分利用信息技术和网络平台，构建符合特定要求的档案信息系统，是档案信息化基础设施建设的重要内容。本章内容为档案信息化管理的基础设施建设，包括网络基础设施、数字化设备、数据存储设备与数据备份三个方面的内容。

第一节　网络基础设施

档案网络基础设施是针对档案信息化的特殊要求建设的档案信息收集、管理、存储、利用和传输的技术平台。它将分布在不同地域、不同部门的档案信息资源连接起来，通过信息资源的互通互联、集成共享，充分提升档案信息化的整体效能。

一、服务器

服务器是指用于承担档案信息化数据存储、管理和应用系统运行的任务，具有高速度、高可靠性、高性能、大容量存储等特点，为各用户端的访问提供各种共享服务的计算机。

服务器是网络环境中的高性能计算机。高性能是指服务器的构成虽然与一般PC相似，但是，它在稳定性、安全性、运行速度等方面都高于PC，这是因为服务器的CPU、芯片组、内存、磁盘系统等硬件配置都优于PC。服务器接收网络上的其他计算机终端（客户机）提交的服务请求，并提供相应的服务，为此，服务器必须具有承担和保障服务的能力。

档案计算机网络系统建设可根据需要提供的功能、性能、数据量等配置一台或多台服务器。

（一）服务器功能的确定

服务器按照提供的服务可以分为文件服务器、应用服务器、数据库服务器和 Web 服务器等。由于档案管理系统的目录和全文数据量庞大，应配置数据库服务器或文件服务器。如果涉及多媒体档案管理，那么为了提高系统性能，可以配置多媒体数据库服务器。还可配置运行档案管理应用系统的应用服务器，不同级别或地域的档案部门，可根据系统的规模各自配置或集中配置应用服务器。如，需实现档案数据网上查询服务的，配置 web 服务器；需加强档案馆安全管理的，配置数据备份服务器；为了支持办公自动化系统中大量电子邮件发送，可配置专用的 E-mail（电子邮件）服务器。

（二）服务器数量的确定

根据本单位投入资金的数量、信息化应用的功能需求、数据的存储和分布要求等来考虑服务器的数量。原则上，FTP 服务器、E-mail 服务器、Web 服务器、内部业务服务器、数据服务器等都需要单独建设，但考虑到资金和安全等因素的限制，应至少建设一个支持办公管理的业务服务器、提供对外服务和内部公共服务及允许外网访问的公共服务器、支持档案管理工作运行并提供档案数据存储和管理服务的档案数据专用服务器。

（三）服务器性能的确定

不同架构、不同品牌、不同档次服务器的性能、质量、价格有很大差别，选择服务器时要综合考虑档案业务的需求和资金条件，还要考虑选择能够提供良好服务的供应商。每个服务器的性能主要取决于中央处理器（CPU）、主板和服务器芯片组的性能，服务器系统的功能与可靠性，取决于每台服务器的功能和服务器集群的部署与连接方式。

（四）操作系统的选择

每台服务器上安装的第一个软件就是操作系统。它是控制和管理计算机硬件与软件资源、支持计算机联网通信、提供多种应用服务的基础软件，是各类应用程序加载、运行的软件支撑平台。目前，常用的操作系统有 Unix（尤内克斯）、Windows（微软视窗操作系统）、Linux（开源电脑操作系统内核）和 NetWare

（NOVELL公司推出的网络操作系统）等。一台服务器能够安装和兼容哪一类操作系统一般在出厂时就已基本确定，用户在选购服务器时会连同操作系统一起购买。工作人员选择操作系统需要考虑用户所选用的核心业务系统，如档案管理信息系统的应用程序运行模式、所需要的操作系统与数据库管理系统的支撑环境等。

（五）服务器连接与工作方式的确定

为确保网络数据的安全存储与高效访问，网络上的服务器采用集群工作方式实现互联，具有备份系统的还可能在异地建立镜像服务器系统，服务器之间的通信与数据交换方式根据业务系统的需要而定，可以是实时的或定时的。

二、终端设备

终端设备是经由通信设施向计算机输入程序、数据或接收计算机输出处理结果的设备。终端设备主要是指用于各类用户访问服务器或进行档案信息处理工作的主机、外存储器、输入和输出设备等。其中，输入终端设备有：鼠标、键盘、手写板、麦克风、摄像头、扫描仪等；输出终端设备有：显示器、音箱、打印机、传真机等；其他类别的终端设备有：无线、蓝牙、路由器、网卡、U盘、移动硬盘等。

目前，档案网络终端设备的主机大都为PC机，又称为终端机。影响终端机处理能力与速度的是主板、CPU、内存、显卡等组成计算机的核心部件，它的选择要根据各业务人员的工作要求进行。如，软件开发人员、多媒体档案编辑人员对CPU、内存等方面要求较高，需要高配置的PC机；一般业务人员只利用计算机进行简单的操作，不需要高配置PC机。PC机需要联网并安装操作系统、应用软件等，一般采用网卡与信息插座相连，也可以采用无线接入方式上网，并安装网卡驱动，进行正确设置后方能使用。

终端机从网络应用的角度又称为"客户端"。目前，常见的客户端分为两类：一类是胖客户端，是指主机配置较高档、数据处理能力较强的客户端。如，一般工作中的PC机，负责网络系统中大部分的业务逻辑处理，以减轻服务器的压力，降低对服务器性能的要求，因此对客户机的性能要求比较高。另一类是瘦客户端，是指数据处理能力比较弱的客户端，基本上不处理业务逻辑，只专注于通过浏览器显示网络应用软件的用户界面,数据储存和逻辑处理基本上由服务器集中完成。网络终端机经历了从胖客户端到瘦客户端的发展历程,胖客户端是相对于传统的C/S(客户机/服务器)结构,瘦客户端是相对于B/S(浏览器/服务器)结构的Web应用而言。

目前,档案信息管理系统的网络终端大都为胖客户端,但瘦客户端在档案信息化建设中的应用前景也不容忽视。瘦客户端配置的优越性为:有利于档案数据的集中存储、高效管理和广泛共享利用;有利于对档案信息共享权限的集中控制和安全管理;有利于网络系统的维护、扩展和升级,通过瘦客户端的即插即用,能提高网络维护的便捷性和可靠性;有利于节约档案网络系统建设和维护的成本;有利于云计算技术在档案网络系统中的应用。由于瘦客户端一般不配置软驱、光驱、硬盘等部件,就杜绝了病毒产生的来源,不易损坏,能显著提高系统的稳定性。

三、网络设备

网络设备是指用于信号传输、信号转换和网络连接的各类传输介质,光电转换、路由器、交换机、集线器等设备。

为了正确配置网络设备,先要确定档案信息网络连接的范围。该范围需要根据档案工作的内容、档案数据共享范围和密集程度来确定,一般分为内网、专网、外网和物理隔离网四个区域。内网档案馆(室)的内部局域网,一般部署在一幢建筑物内部,或相临近的大楼之间,覆盖大楼的不同楼层和房间。专网是指档案工作专用网,通常在档案馆之间、档案室与档案形成单位部署。外网是指连接于互联网的、对外服务进行提供的网络,主要便于档案利用者对公开上网的档案信息进行查询。物理隔离网是由一台或多台与任何其他网络,在设备和网络线路上完全隔离的终端机或服务器系统,用以存放和管理保密档案。

网络体系的结构主要有三种,不同结构有不同的特点和适用范围,也有不同的网络连接设备:一是总线结构。该结构通过一根电缆,将各节点的计算机系统连接起来。该结构连接简单,易于安装,传输速率较高,便于维护。缺点是任何节点的故障都会影响整个网络的运行。这种结构适用于10～20个工作站的小型档案馆(室)。二是星型结构。该结构在一个集线器上连接网络中的全部节点,由该集线器将数据发送至目标节点。因此，该结构不会因一台工作站发生故障而影响整个网络。缺点是一旦集线器发生故障将影响整个网络。这种结构适用于网络节点位置分散的大型档案馆（室）。三是环形结构。该结构连接各节点的电缆（一般采用光缆）组成一个封闭的环形，结构简单，相对容易控制，但由于在环中传输的信息必须经过每一个节点，任何节点的故障都会使这个网络受阻，因此，在档案馆（室）网络建设中很少使用。

目前，档案馆（室）局域网中使用最多的还是以太网（Ethernet）。该网由美国 Xerox（施乐）DEC（迪吉多）和 Intel（英特尔）公司开发而成，其拓扑结构是总线型或星型，传输介质可以是同轴电缆或双绞线，具有多种优点，如数据传输速度快、建设投资小、网络互操作性强、安装简单、网络性能好等。当然，它也有不足，一旦出现较大网络信息流量，就会导致性能降低。所以，在中小型档案馆、档案室中，以太网得到广泛应用。

网络连接设备分为内网连接和外网连接两类。内网即局域网，其连接设备包括网卡、集线器、中继器、交换机等。外网即互联网，以及与互联网相连的广域网、城域网等，外网间连接设备包括网桥、路由器、网关等。

网络设备还有用于保护档案数据、信息系统和网络平台安全的硬件设施及其他配套设备，如用于终端机和服务器等数字设备的断电保护，使数字设备在断电后仍能正常运行，提升系统运行稳定性、可靠性的 UPS（不间断）电源等。

第二节　数字化设备

数字化设备主要指转换传统模拟档案信息为数字档案信息的设备。在数字化影像、声音、图像、文本档案资源建设过程中，数字化设备是不可或缺的。对数字化设备进行正确选择、恰当使用，与档案数字化的效率、质量息息相关。

一、纸质档案的数字化设备

纸质档案是指以纸张为载体的档案，占据了我国馆（室）藏档案的绝大多数，因此，对其进行数字化加工是档案数字化的主要任务。由于传统照片、底片记录的照片档案数字化与纸质档案数字化相类似,因此,本节所介绍的数字化设备也包括照片、底片档案的数字化设备。

(一)扫描仪

扫描仪,即对数字处理技术和光电技术进行利用,将图像信息、图形信息通过扫描方式转换为数字信号的设备。扫描仪是目前纸质档案数字化的主要设备。正确选择扫描仪对于提高纸质档案数字化的效率和质量十分重要。

1.扫描仪的种类

由于社会广泛的需求,近年来,数字化扫描技术迅速发展,扫描仪的种类越来越多,用途越来越专业。目前广泛使用的适用于纸质档案数字化的扫描仪主要有五种:

(1)平板式扫描仪

平板式扫描仪有着100~2400dpi的扫描分辨率、24~48位的色彩位数,扫描幅面通常为A3或A4纸张。平板式扫描仪的优势是扫描出的图像有着逼真色彩,分外清晰,不容易造成纸张损坏;其不足是,扫描速度较慢、图像处理功能较弱。对于较差的纸张,如纸张过软、过厚、过薄甚至破碎的档案,可以选择平板式扫描仪扫描。

(2)高速扫描仪

高速扫描仪有着50~600dpi的扫描分辨率。当扫描分辨率为200dpi以下时,采用灰度或黑白扫描,每分钟图像可扫描90幅以上;采用彩色扫描,每分钟可扫描图像60幅以上。高速扫描仪的扫描幅面大到A3纸,小到小卡片,不仅能单面扫描,也能双面扫描。高速扫描仪的优势是有强大的图像处理功能和较快的扫描速度;不足是扫描时常常出现卡纸现象,容易造成档案损坏,如果档案的字迹质量较差,则难以扫出清晰图像,扫描后有较大的图像处理工作量。对于有着较好纸张质量状况、尺寸较小的单证、票据和统一为A4、A3幅面的文书档案,或者纸张较大的A4报表来说,适宜采用高速扫描仪扫描。

(3)宽幅扫描仪

宽幅扫描仪属于大型扫描仪,有高达138cm最大进纸宽度和高达130cm最大扫描宽度,还有1.5mm扫描厚度。宽幅扫描仪有50~800dpi,具有彩色、灰度、黑白等扫描模式,具备图像处理系统和扫描系统,能够全面支持改进批量扫描、处理大型文件、快速预览、色彩管理等功能，能够实现扫描品质与效率的有效提升。宽幅扫描仪的优势是能够对零号及零号以下的工程图纸，超厚、超长的文书档案和大幅字画、地图进行扫描；不足是有较高的价格和较慢的扫描速度。

（4）零边距扫描仪

零边距扫描仪有100~1200dpi的扫描分辨率，具有3种扫描模式——黑白、灰度和彩色，能与A4、A3纸张大小自动适应，能够自动进行页面矫正。从外形上看，零边距扫描仪和平板扫描仪很像，不同的是零边距扫描仪有一侧没有边框，所以，在扫描那些不能装订拆除的珍贵档案、资料和图书等扫描原件时，可以使用零边距扫描仪。不足是相较于平板式扫有更高的价格和较慢的扫描速度。

（5）底片扫描仪（简称底扫）

照片底片，又称为负片或透明胶片。底片扫描仪是直接对底片进行数字化处理的扫描仪。底片扫描仪的工作原理：（1）由光源将光线照在欲扫描的底片上，产生表示图像的透射光。（2）光学系统采集这些光线，将其聚焦在感光器件上，由感光器件将光信号转换为电信号。（3）由扫描仪的软硬件系统将这些电信号进行模数转换及处理，并将处理结果输送至计算机进行存储。目前，市场上的底片扫描仪分专业级和普通级两种。专业级底扫一般体积较小，只能扫描底片，采用透射光源，分辨率极高，可扫描10cm×13cm或更大幅面底片，如医学底片，价格较贵。普通级底扫是在普通扫描仪上加透扫适配器，采用的是指反射光源，分辨率也是主流扫描仪的指标，实质上是"带底片扫描功能的平板扫描仪"，价格与普通扫描仪相当，只能扫135底片。对于大多数档案部门来说，底片的数量不多，只要求扫描图像清晰，不追求艺术效果，因此，普通级底扫也是不错的选择。

2.扫描仪的主要性能指标

对扫描仪的性能指标进行了解，有助于对适用的扫描仪设备进行正确选购。

（1）扫描分辨率

对于扫描仪而言，"扫描分辨率"是最主要的技术指标。扫描分辨率表示在图像细节方面扫描仪的表现能力，在扫描仪记录图像的细致度方面起决定性作用。我们通常用"dpi"作为对分辨率进行描述的单位，其代表水平与垂直方向每英寸显示的点的数量。分辨率越高，图像越清晰，数字化图像所占有的容量也越大。

扫描仪的光学系统可以采集的实际信息量就是光学分辨率，也就是"扫描仪感光元件（CCD）的分辨率"。最大分辨率是指通过算法或处理软件能够捕获的信息量。

购买扫描仪时应当考虑光学分辨率指标，该指标决定了扫描仪对原始图像的最大感知能力及扫描仪的价格和档次。当前市场上扫描仪的光学分辨率一般有 300×600dpi、600×1200dpi、1000×1200dpi 等类型。

扫描有着越高的分辨率，扫描出的图像就有越高的品质，当然，是有一定限度。如果分辨率超过某一特定值，则只能增大图像变得难以处理，无法实现图像质量的显著改善。因此，使用者应当从原件字体大小和用途出发，选择最合适的分辨率。通常来说，应当同时考量识别、打印、显示等要求，对存储空间效率进行适当考虑。如果分辨率过高，非但没办法提升效果，相反会将原件的干扰信息放大，还会浪费存储空间。事实上，档案馆（室）采用 300×600dpi 分辨率的扫描仪已经胜任了一般档案的数字化。

（2）扫描速度

我们可以用多种表示方法表示扫描速度，这是因为，扫描速度和多种因素都存在密切关联，如图像大小、显示时间、存取速度、内存容量、分辨率、扫描速度等。一般来说，通过图像尺寸下的扫描时间和制定的分辨率对扫描速度进行表示。

档案数字化工作量大，高速扫描有利于提高工作效率，缩短档案数字化的时间，但是，必须在保证图像质量、不损害档案原件的前提下正确选择高速扫描仪。

（3）色彩分辨率

这一指标被用来表示扫描仪对灰度或彩色分辨的细腻程度。从理论来看，色彩有着越多的位数，就会有越逼真的颜色。当前，市场上的扫描仪的色彩位数通常分为如下几个档次：48 位、36 位、30 位和 24 位。对于那些没有过高质量要求的图片和文稿来说，采用 24 位色彩位数的扫描仪就够。

（4）扫描幅面

扫描幅面表示扫描图稿的最大尺寸，目前，平板扫描仪、零边距扫描仪、高速扫描仪一般可选择 A4 或 A3 幅面，宽幅扫描仪可以扫 A0 以下幅面的图纸。

（5）接口方式

扫描仪主要三种接口方式，分别为 SCSI、USB 和 EPP。EPP 就是打印机端口，具有对计算机要求低、便于使用等特点，不足是有较差的扫描质量。USB 接口的优势是能够带电拔插、便于安装，有较快的速度。当前，USB 有日益广泛的应用，USB 接口的扫描仪成为主流。SCSI 扫描仪在安装时，先要在计算机中安装一块接口卡，虽然有较高的价格和较复杂的安装过程，但扫描稳定、扫描速度快、扫描时占用较少。

实际上，不论 SCSI 接口、USB 接口还是 EPP 接口，都并非对扫描仪扫描速度起决定作用的主要因素。扫描仪的性能密切关联于扫描速度，所以，对何种接口方式进行使用，都不会令扫描速度出现较大差别。不过，从接口来看，USB 接口最适合档案馆使用。如果能对 SCSI 接口卡进行配置，那么扫描仪将有更好的性能。

（二）数码翻拍仪

随着数码影像技术的飞速发展，一种新型的数字化设备——数码翻拍仪正在悄然流行。数码翻拍仪，又称为数码拍摄仪、数码缩微仪等，是一种将数码相机安置在可垂直调节高低的支架上，用以拍摄文件材料或其他实物的数字化设备。目前，市场上的数码翻拍仪按照翻拍的性能、对象、尺寸等分为多种。

1. 数码翻拍仪与扫描仪相比所具有的优越性

（1）数字化速度快

平板式扫描仪每扫描一页文件都有扫描灯管的往复移动和翻盖的过程，扫描速度较慢，若采用 200dpi 来扫描 A4 幅面真彩图像，每分钟扫描加工数量一般为 1~2 页。高速扫描仪对档案的纸张质量要求较高，容易损坏档案，因此，使用有一定的局限性。用数码翻拍仪拍摄文档没有机械运动的过程，只是曝光一下，速度不到 1 秒，扫描加工数量一般可以做到每分钟 8~20 页。

（2）对档案材料损害小

当用平板式扫描仪扫描装订的档案时，难以做到平整扫描，扫描的图像会倾斜或扭曲，导致后期处理工作量增加；高速扫描仪不拆档案根本无法扫描。数码拍摄可以省略档案拆装过程。应用数码翻拍仪提供的低畸变镜头和图像变形处理软件，可以解决拍摄档案倾斜、线条变形等问题，大大提高了数字化处理效率，避免了档案在拆装过程中造成的损失。

（3）加工对象直观

用扫描仪扫描文档，若要在扫描前浏览扫描图像的效果，一般需要选择扫描仪预览功能，这样就降低了扫描加工的速度。数码翻拍仪的全部操作过程直观可见，真正做到"所见即所得"。

（4）加工对象不限于纸张

扫描仪一般只能扫描纸张材料，数码翻拍仪除了扫描纸张材料外，还能翻拍特种载体的档案，如奖旗、奖牌、奖杯等物体。

（5）便于调节扫描幅面

一般扫描仪只能扫 A4 幅面的纸质材料，扫大幅面图纸的扫描仪价格十分昂贵，利用率又不高，不适宜于一般机构配置。数码翻拍仪只要调节数码相机与底板的距离，就能灵活地选择拍摄不同幅面的纸质档案，这对于扫描尺寸频繁更换的档案特别具有优势。

2. 数码翻拍仪与传统翻拍仪相比所具有的优越性

传统翻拍仪采用传统相机拍摄、缩微档案。相较于传统翻拍仪，数码翻拍仪有如下突出优势：

（1）有较低的使用成本

传统翻拍仪在拍摄时需要对焦进行使用，拍摄后还要冲洗显影，需要购置专门的缩微阅读仪进行阅览，有较高的人力成本和使用成本。数码翻拍仪的翻拍就像普通数码相机的拍摄，使用时不用额外购置耗材，如果发现拍摄出的图像存在问题，直接立刻重拍就好。任何计算机系统都能对数码翻拍仪拍摄形成的照片进行阅读。

（2）便捷的图像处理

我们很难处置传统翻拍仪形成的微缩片图像，但能够灵活加工、处理数码翻拍仪拍摄形成的影像电子文件，如去黑边框、去污点、纠偏等，还能对翻拍仪自带的 OCR 软件进行应用、识别字符，将扫描形成的图像文件识别为能够编辑的 TXT、PDF、Word 等格式文件，便于二次加工、编辑。还可以对图像处理软件进行应用，纠正扫描中出现的图像变形、线条扭曲等问题。部分数码翻拍仪内置防畸变镜头，能够对大幅面图纸拍摄中四周弯曲的线条进行自动纠正。

（3）便于计算机技术应用

传统翻拍的缩微胶片在整理、编辑、传递、查找等方面都很不容易，数码翻拍技术恰恰与之相反。拍摄形成的电子文件有缩微技术无法比拟的优势——直观生动、多媒体集成、检索快捷、传播迅速、处理灵活、采集高效。

（4）对数码相机技术进行充分整合

传统翻拍仪只能翻拍成黑白胶片，数码翻拍仪能够翻拍成黑白图像和彩色图像。数码翻拍借助高分辨数码影像技术，能够拍摄形成具有丰富色彩、逼真清晰的图像；具备后期图像增强功能，如伽马值、饱和度、对比度、亮度、色差等；能够利用USB接口，与计算机直接连接，在计算机中直接显示拍摄的档案文件，或者通过邮件进行传递，确保档案传播顺畅、无障碍；翻拍仪能够通过USB实现直接供电，无须另外插电源；能够在底板上整合全部拍摄操作按钮，有颇为简单、方便操作；突破了传统使用扫描枪扫描条形码识别的方式，用户只需要轻点鼠标，就能实现条码识别，提升了工作效率，不用额外购置扫描枪，节省了开支；拥有录像拍摄功能，能够记录手工翻阅档案等过程，形成动态图像，作为视频编辑素材。

（5）灵活使用各种数码拍摄设备

部分数码翻拍仪的活动支架可以对多种拍摄设备（如手机、数码相机等）进行固定，用户可以通过这些拍摄设备对档案材料进行翻拍。

3. 数码翻拍仪的应用范围

数码翻拍仪融合了传统的录影、拍照、投影、扫描、复印等技术，又具备了上述技术的优势。对扫描技术和传统翻拍缩微技术而言，其都是毋庸置疑的一场变革，社会各领域都对数码翻拍仪予以关注，普遍应用。如今，该技术已得到广泛应用，如公安部门案件档案翻拍；医疗行业处方、病例等档案翻拍；司法行业卷宗、法律文件、红头文件、往来信函等档案翻拍；国土行业合同、图纸、地契房契等档案翻拍；学校学生成绩单、学籍等档案翻拍；工商税务行业税务年检等业务文件翻拍；保险行业身份证、发票、合同等文件翻拍；证券期货行业股东身份、买卖合同、股东账户开户等文件翻拍；银行传票、信用卡、会计凭证、抵押担保、合同等文件翻拍；争取领域往来信函、红头文件等文件翻拍。

4. 数码翻拍仪在纸质档案数字化中的应用前景

虽然在各企事业单位、政府机关中，数码翻拍仪已然广泛应用，但是，其较少被用于档案信息化中。究其原因，是档案界人士仍不够了解数码翻拍仪的现状与发展趋势，认为和传统缩微翻拍仪无甚区别。通过前文阐述，我们能够清楚发现，在下列情况中，使用数码翻拍仪十分合适。

第一，中小型企业单位业务部门或办公室，想要数字化尺寸变化频繁的文件材料时；第二，各级各类机关档案室或档案馆，想要数字化不便于拆卷且纸质材料老化的档案时；第三，制造业、建筑设计等企业未采购大型扫描仪，又想要数字化大幅面图纸档案时；第四，想要数字化奖牌、奖旗等实物档案时；第五，尚无条件对纸质档案数字化，但在利用时临时，需要对查阅的档案进行数字化，以便通过网络提供远程查档服务时。

由于数码翻拍仪具有操作便捷、拍摄速度快、拍摄精度高、使用成本低，便于做图像处理和 OCR 字符识别等特点，在将来必定会引起更多档案用户的关注。伴随数码翻拍仪应用范围不断扩大，其性能、功能不断改进日益完善。所以，在不远的将来，将部分取代扫描仪，在纸质档案数字化过程中成为得力工具。

（三）缩微胶片扫描仪

对于已经进行了缩微复制的纸质档案，可以采用专用设备——缩微胶片扫描仪，对缩微胶片上的影像进行数字化转换处理。缩微影像转换技术的应用，包括对缩微胶片进行扫描，把缩微模拟影像转换成数字影像进行存储、还原和检索输出等。

1. 缩微胶片扫描的优缺点

与纸质档案扫描相比，缩微胶片扫描的主要优点是：扫描速度快，节约时间和成本；没有尺寸和形状的限制，可以同时对各种幅面的纸质档案进行扫描；缩微胶片可以继续留存，作为数字档案备份的一种形式；可以进行批量处理，操作简便易行；便于对图像做调节亮度、对比度、拉直和裁剪等优化处理；易于对输出的图像信息进行检索、阅读、打印和传递。

缩微胶片扫描的主要缺点是：所得的图像已经是第二或第三次转化，失真明显，图像虽然可以强化，但有时效果不明显；一些胶片的状况较差，出现了划痕、装订线阴影等，影响扫描影像质量；扫描仪的分辨率不足以捕捉原件全部有价值的信息。

2. 缩微胶片扫描设备的选择

缩微胶片扫描仪相对于纸质档案扫描仪，扫描效率要高得多。目前，缩微影像转换成数字影像的技术日趋成熟。选购缩微胶片数字扫描系统时，既要考虑产品的技术领先，又要考虑其适用性和性价比。选购时应考虑胶片类型，如缩微平片、封套片、开窗卡片、16mm 胶卷、35mm 胶卷等；放大倍率的范围；扫描速度，即每单位分辨率，如 4.5 秒 /400dpi；光学分辨率和输出分辨率，如 300～800dpi 等。市场上的缩微胶片扫描系统主要有英国的"优胜"、日本的"佳能、美能达"、美国的"柯达"等公司出产的缩微胶片扫描仪。根据一些档案馆的经验，美能达的 MS30000 型和佳能的 MS500 型缩微胶片扫描仪，能够把缩微模拟影像转换成数字影像，还能作为缩微数字影像的还原设备使用。

（四）纸质档案数字化的软件配置

纸质档案数字化除了必要的硬件设施外，还需要运行硬件设施所需的档案数字化工作软件。该软件有两大类：系统软件和应用软件。

系统软件包括操作系统、数据库管理系统等平台，如 Windows、SQL Server 等。

应用软件是在上述软硬件平台的基础上，实现数字化流程的文档扫描、图像处理和数据存储等功能的软件。这些软件可以从市场上购置，或从网络上免费下载，或伴随硬件设备配送获得，如购置扫描仪时获得 ACDSee、Photoshop 或专用的图像浏览、处理软件，购置刻录机时获得 Easy CD Creator 等刻录软件。

对于大批量纸质档案的数字化处理而言，靠上述分散的、专用的工具软件不够，必须采取系统集成方式将整个数字化流程集合为一个统一的制作、加工系统，开发出专用的"档案数字化加工管理系统"，实现对包括档案整理、目录建库、档案扫描、图像处理、图像存储、数据质检、数据挂接、数据验收、数据备份、成果管理等档案数字化加工全过程的流水作业和安全质量控制。

二、录音档案的数字化设备

1857 年，法国发明家斯科特发明了声波振记器，这是最早的原始录音机，是留声机的鼻祖；1877 年，爱迪生制造出人类史上第一部留声机。1898 年，丹麦工程师普尔森发明了磁性录音；1963 年，荷兰生产出音频盒式磁带机，至 20 世纪 80 年代，盒式磁带录音迅速普及。这一技术被迅速应用于声音记录，许多单位用其录制领导讲话、会议座谈、文艺演出、要人采访等，形成许多重要的录音档案。现存的模拟录音档案一般已有 20 年以上的历史，内容十分珍贵。随着时间的流逝，使用次数的增加，加上不适宜的环境条件影响，其声音很容易衰减或消失，甚至由于没有播放设备而无法还原。利用多媒体数字技术，把模拟录音带转录成数字音频档案，有利于录音档案的及时抢救、长期保存、编研制作和共享利用。随着数码音像技术的普及，模拟录音档案的数字化也被提到重要议事日程上来。

录音档案数字化比较容易实现，主要硬件有放音设备、存储设备和计算机等，录音档案数字化软件较多，可根据个人习惯和熟悉程度来选择。

（一）录音档案数字化的硬件

1. 传统放音设备

我们应当从数字化录音档案的型号、规格出发，对相应的放音设备进行配置，如电唱机、盒带录音机、钢丝带放音机、放音机（小开盘、大开盘）等。放音设备必须能将声音源通过电平信号的方式，通过音频输出或插孔输出。如果原设备没有音频输出插孔，应当对其加以改装。

2. 模数转换设备

对于录音档案数字化而言，模数转换设备是其核心部件。模数转换设备如果品质较好，应具备如下特点：高信噪比、低时延、低失真。模数转换设备主要为声卡。

声卡（Sound Card）是多媒体技术中最基本的组成部分，是实现模拟信号和数字信号相互转化的一种硬件，其基本功能是将来自磁带、光盘、话筒等的原始声音信号加以转换。它的工作原理是将获取的模拟信号通过模数转换器（Analog to Digital Converter，简称 ADC），将声波振幅信号采样转换成一串数字信号，存储到计算机中。重放时，这些数字信号被输送到数模转换器（Digital to Analog Converter，简称 DAC），以同样的采样速度还原为模拟信号。

声卡的技术指标主要有：一是采样频率，采样频率越高，声音越保真。目前，声卡的采样频率一般应达到 44.1kHz 或 48kHz。二是样本大小，当前声卡以 16 位为主。8 位声卡对语音的处理也能满足需要，但播放音乐的效果不是很好；16 位声卡可以达到 CD 音响水平。

3. 内部声音混合调节器

内部声音混合调节器的主要功能是把不同输入源（如 MIC 及 CD-Au-dio）输

入的声音信号进行混合和音量调节，通常要求该混合器是可编程或可控制的。

4. 监听、拾音设备

监听、拾音设备，如监听音箱、监听耳机、话筒等。

（二）录音档案数字化的软件

数字化转换软件主要为音频制作软件，如 Creative Wave studio、Gold Wave、Music-Match、Juke Box 等。普通反映使用 Creative Wave studio 较好；此外，Gold Wave 也是一种功能强大、占用空间少、免费共享的绿色软件，并且可以在互联网上免费下载。刻录软件也较多，如 EASY-CD 等。

第三节　数据存储设备与数据备份

档案数字信息的长期安全存储取决于存储设备的选择和存储技术的应用，是档案安全保管的重要内容。

一、数据存储系统

档案信息化数据存储是指数据以某种格式记录在计算机内部或外部存储介质上，其存储系统分别使用不同的存储介质和存储技术。

（一）数据存储介质

信息长期存取与介质息息相关，介质一旦受损，其所载信息荡然无存，因此，选择合适的存储介质尤为重要。不同的数据及其不同的处理需求对介质的要求是不同的。目前，数据存储介质主要有磁存储介质、光存储介质和电存储介质三种。

1. 磁存储介质

磁存储技术是将声音、图像和数据等变成数字电信号，通过磁化磁介质来保存信息。磁存储介质主要有硬磁盘、磁带、磁盘阵列、磁带库等。

（1）硬磁盘

硬磁盘（即硬盘）是由若干盘片重叠在一起放入密封盒内组成的。盘片的结构类似软盘，盘片一般用合金或玻璃材料制作，磁性层一般使用 $\gamma-Fe_2O_3$ 磁粉、金属膜等制成。

硬盘的存储量大，数据传输速度快；硬盘盘片与驱动器装在密封容器内，不易受周围环境影响，工作稳定性好、可靠性高，由此常作为网络数据传输的在线存储介质。

硬盘按尺寸分，有5.25英寸、3.5英寸、2.5英寸、1.8英寸等。5.25英寸硬盘早期用于台式机，已被淘汰。目前，3.5英寸台式机硬盘正广泛用于各式计算机；2.5英寸硬盘广泛用于笔记本电脑及移动硬盘；1.8英寸微型硬盘广泛用于超薄型笔记本电脑、移动硬盘。硬盘的接口类型有ST506、IDE、SCSI接口。按转速有5400转/秒、7200转/秒、10000转/秒和15000转/秒。按存储方式分，硬盘分为固态硬盘（SSD，新式硬盘，采用闪存颗粒存储）、机械硬盘（HDD，传统硬盘，采用磁性碟片存储）、混合硬盘（HHD：Hybrid Hard Disk，把磁性硬盘和闪存集成到一起的一种新硬盘）。相对于机械硬盘，目前的固态硬盘有存取速度快、耗电量小、稳定性好等优点，也有存储量小、价格昂贵等缺点。混合硬盘能够起到扬长避短的作用，值得档案工作者关注。

（2）磁带

磁带一般由聚酯薄膜带基和附着在带基上的磁性涂层，经过磁性定向、烘干、压光和切割等步骤制成。

磁带存储容量大，数字磁带的最大容量已经达到TB级，在数据备份和档案文件存储等方面一直占据着重要的地位；成本适宜，操作方便，只要通过一定的驱动器便能顺利地读取。但是，磁带是串行记录方式，存取速度较慢；工作方式为接触式，易使磁带、磁头磨损。鉴于磁带的这些特点，它适合用在按顺序存取数据、存储量大而读写次数少的电子档案备份系统中，可作为硬磁盘数据长期备份的存储介质。

（3）磁盘阵列

磁盘阵列（Redundant Array of Independent Disk，RAID），是对磁盘数据盘处理技术进行应用，通过对各磁盘进行组合，在多个硬盘中分散多个读写请求，实现单个磁盘极限的突破，使之协同工作。在使用过程中，它只对一个硬盘进行使用，却能得到相较于单个存储设备更高的容量能力、更大的存储能力、更好的稳定性和更快的速度。它可以根据用户对于存储容量的需求进行阵列配置，满足海量存储的要求。

磁盘阵列系统存储容量大、安全性高。数据存储在由多个磁盘组成的磁盘组上，通过数据的冗余存储，可在一个或多个磁盘损坏、失效时，防止数据丢失；磁盘阵列通过并发读写，能够提高数据的存取速度，把多个硬盘驱动器连接在一起协同工作，大大提高了数据的读写功能。

（4）磁带库

磁带库这种数据备份设备是机柜式的，在一个封闭系统中整合多台磁带机，在离线存储系统中，属于一大关键设备。磁带库主要由磁带、机械臂和磁带驱动器构成，能够实现磁带自动加载、卸载，在存储管理软件的控制下，具备监控统计、智能备份与恢复等功能，能够满足高存储容量、高效率、高速度的要求，其系统扩展能力十分强大。

磁带库具有自动备份和恢复功能，可实现数据的连续备份，也可在驱动管理软件控制下实现智能恢复、实时监控和统计；存储量大，存储容量达到PB级，备份能力也很强大，是集中式数据备份的主要设备。

2. 光存储介质

从磁存储到光存储是信息记录的飞跃，光存储是利用光学原理读写的。

光存储技术是指利用激光照射介质，介质和激光彼此作用，使介质性质产生变化，继而存储信息；读出信息时，利用激光（定向光束）扫描存储介质表面，通过对所经过点的激光反射量进行检测，将所保存信息读出的一种技术。

光存储介质有光盘库、光盘塔、光卡和光带，其中，应用最广泛的当属光盘。

光盘（Optical Disk）是继磁性介质之后产生的又一种新型的数字信息记录介质，具有存储密度高、信息容量大、稳定性好、可移动、成本低等特性，也是电子档案的重要存储介质。光盘通常分为CD、DVD、蓝光光盘等几种，其各自特点如下：

（1）CD（Compact Disc）

CD光盘在读取数据时，使用红外激光器，有着较大存储容量和较低的存储成本。不过，在日常使用时，CD光盘很容易出现磨损问题，导致错误读取。CD光盘如果不均匀受力，可能出现变形问题，导致无法读取数据。CD采用单层储存形式，容量一般为700M。由于光盘技术的迅速发展，目前该类光盘已经趋于淘汰。

（2）DVD（Digital Versatile Disc）

DVD 与 CD 的外观相似，直径都是 120 毫米，一般单层容量约为 5G。DVD 分为预录制和可录制光盘两种。预录制光盘（DVD-ROM）的数据只能由厂商用专用设备录制。可录制光盘分为一次写入型（DVD-R、DVD+R）和可擦写型（DVD-RW、DVD+RW）两种。一次写入型光盘可用光盘刻录仪一次性刻录数据，但不能擦除。档案部门可利用这种光盘的特点，保存档案信息，防止归档电子文件被改写和篡改。可擦写型光盘录入的数据可擦除和重写，反复使用。

（3）蓝光光盘 BD（Blu-ray Disc）

目前主流的单层 BD 容量为 25G，可刻录长达 4 小时的高清视频；双层 BD 容量为 50G；多层 BD 容量有 100G 以上。随着蓝光刻录机和盘片价格越来越低，BD 很有可能是继 CD、DVD 之后的档案数据又一主要存储介质。

目前，数字信息的大容量存储因光盘共享技术的发展而成为可能。对于电子档案来说，光盘库和光盘塔也成为其主要的存储设备。

3. 电存储介质

电存储介质是继磁存储和光存储后利用半导体技术做成的一种新型存储介质，通过电子电路以二进制方式实现信息的储存。电存储介质主要有闪存盘和数据存储卡。

（1）闪存盘（又称为优盘或 U 盘）

闪存盘是一种容量大、体积小、不需要驱动器、安全可靠的新型移动存储设备。闪存盘可用于存储任何格式的数据文件，在计算机间方便交换数据。闪存盘采用闪存芯片存储介质（Flash Memory）和通用串行总线（USB）接口，具有存储容量大、轻巧精致、便于携带、使用方便、读写速度快、安全可靠等特征，有些还具有加密等功能，是重要的移动存储设备。但是，闪存盘的保存寿命较短，不能作为长期存储电子档案的介质，可以作为电子文件归档、复制、传递和利用的过渡性介质。

（2）存储卡（又称为数码卡）

存储卡是一种卡片形状的计算机存储介质，其存储原理与闪存盘基本相同。存储卡具备众多优点，如兼容性好，体积小巧玲珑，存储量大，使用简单、便于携带。如今，电视机、MP4、MP3、笔记本电脑、数码摄像机、数码相机、手机等电子数码产品中，已能广泛见到存储卡的身影，赢得计算机和摄影爱好者、的青睐。存储卡种类繁多，当前流行的存储卡有以下几种：

①SD 存储卡。该卡如一张邮票大小，最高容量达 128G，目前应用面最广。SD 卡内置 128bit 加密位，具有安全加密功能。在加密状态下读卡，SD 卡将自动处于锁定状态，避免卡内容被非授权读写。SD 卡还能加写保护锁，避免数据被修改（无论有意还是无意）。

②TF 存储卡。大概是 SD 卡面积的 1/4，属于小型 SD 卡。在 MP3、MP4、手机等电子产品中，TF 存储卡得到广泛应用。当然，我们也可以将 TF 存储卡插入 SD 卡卡套中，作为 SD 卡使用。TF 卡传输速度被定义为 Class2、Class4、Class6、Class8、Class10 等级别，分别有 2MB/s、4MB/s、6MB/s、8MB/s、10MB/s 的传输速度。

③记忆棒。它由 Sony 公司在 1999 年推出，仅限用于 Sony 公司的数码产品。该存储卡运行速度快，高速记忆棒可达 50MB/S，价格较贵。

因为存储卡有很小的尺寸，较易丢失，加之有繁多型号规格，发展变化较大，所以不适合对需要长期保存的电子档案进行存储。因为存储卡有较高存储度，便于携带，所以很适合用于电子文件的查询、传递、移交和归档。

在对存储卡进行使用时，档案部门应当对如下三个问题予以注意：首先，应尽可能使用 SD 卡，因为其具有较强通用性，通常来说电视机、摄像机、手持相机、笔记本电脑都配置有 SD 卡的读卡槽。SD 卡能写保护、便于加密，能够有效避免被篡改。其次，应当选购有较快读写速度的存储卡。为确保各种电子文件，尤其是多媒体文件能够流畅播放，应当选择具有更高读写速度的存储卡，通常来说以大于 6MB/s 为宜。最后，档案部门可以购置通用读卡器，包含多个不同规格的卡槽，能够同时插入多种常用存储卡。通过 USB 接口，用户能让不同数码产品轻松地对各种存储卡进行读写，无须准备诸多类型的数据接口、连接线。

（二）数据存储技术

数据存储技术随着科技的发展在不断地发展。目前，数据存储技术主要有直接存储、网络存储和云存储三种。

1.直接存储技术

直接存储技术是目前存储数据的主要技术方法，是利用计算机等存储设备，将档案信息保存在性能稳定的载体上。存储载体主要有只读光盘、一次写光盘、磁带、硬磁盘、可擦写光盘、光盘塔和磁带库等。特点是：投资低、读取速度慢；资料可供同时读取的人数少；检索光盘时，内部机械手臂容易出现故障，光盘容易磨损划伤等。

2. 网络存储技术

（1）直接附加存储（简称 DAS）

DAS 通过电缆（一般是 SCSI 接口）直接与服务器相连接，存储设备作为服务器的附加硬件，不带操作系统，直接接收所连服务器的 I/O 请求，完全依托服务器，通过服务器上的网卡向用户提供数据。它是典型的分散式存储模式。

（2）网络附加存储（简称 NAS）

NAS 是一种在网络上连接的存储设备，一般对 RJ45 口进行使用，依托以太网将服务提供给用户。采用集中式数据存储模式，彻底分离服务器与存储设备。

（3）存储区域网络（简称 SAN）

SAN 是一种将存储设备、连接设备和接口集成在一个高速网络中的技术。SAN 从诞生之日起，便以系统复杂和价格昂贵闻名业界，但性能强大毋庸置疑，满足大型档案馆海量数据存储共享的需要。

3. 云存储

云存储是指通过分布式文件系统、网络技术、集群应用等功能，通过应用软件对网络中大量不同类型的存储设备进行集合，协同工作，共同对外提供业务访问与数据存储功能的一个系统。云存储可被分为公有云存储、私有云存储、混合云存储三种。

（1）公有云存储

这是为大规模、多用户设计的云存储平台。其所有组件都建立在共享基础设施上，通过虚拟化、数据访问、管理等技术对公共存储设备进行逻辑分区，按需分配。优点是有助于用户减轻存储成本和管理负担。缺点是放在公有云存储上的信息容易被入侵、窃取、破坏。

（2）私有云存储

私有云存储也称为内部云存储，是针对特定用户设计的云存储。它运行在数据中心的专用存储设备上，可以满足安全性能的需求。缺点是可扩展性相对较差。因此，私有云存储更适用于具有高标准的安全性需求与性能需求的数据中心建设。

（3）混合云存储

混合云存储是为了弥补公有云和私有云存储的缺陷，兼备两者的优点设计的云存储架构。它既包含能接入公共网、提供广泛的应用和服务的公有云存储，又包括建立在内部网、面向某专业业务应用，采取严格安全管理措施的私有云存储。目标是在公有云上存储开放的、需要面向社会、广泛共享的档案信息；在私有云上存储需要保密或供内部业务使用的档案信息。由此，最大限度地实现档案管理系统的共建和共用，数据库资源的互联和共享；实现档案信息资源跨系统、跨平台、跨地域的网络化应用，消除信息孤岛；节约系统建设与运行、维护和管理的成本；降低信息安全风险，实现档案信息资源的大集成和大整合，最大限度地提高档案信息化综合效益。

二、数据备份系统

数据备份是指为防止数据丢失或损坏，将计算机系统中的数据复制到后备存储器中的过程。

备份按其范围分为系统备份和数据备份。系统备份是指对整个计算机系统，包括系统软件、应用软件、数据库管理系统、数据资源、系统管理参数等进行备份。目的是防止因软硬件故障、计算机病毒或人为误操作等原因造成计算机系统不能正常启动或运行。数据备份是指对系统中存储的数据进行备份。包括数据备份，系统备份的范围要比数据备份的范围大得多。由于档案数据量大，递增迅速，保真要求高，安全管理要求严，因此，加强档案信息安全的主要措施是加强档案数据备份。以下主要介绍数据备份的内容和要求。

（一）数据备份的策略

数据备份的策略主要有全备份、增量备份和差异备份三种。

1. 全备份

"全备份"就是完全备份整个系统（包括数据、系统）。全备份具备如下优势：一旦丢失数据，能够较为简单地进行系统恢复；全备份有如下缺点：每天都要完全备份整个系统，需要很长备份时间，导致备份数据大量重复，浪费很多备份存储空间，管理成本大大增加。

2. 增量备份

"增量备份"就是只对上次备份后增改过的数据进行备份。增量备份的优势是节省备份存储空间进行，无须过长备份时间。缺点是一旦发生灾难，数据恢复会较困难、烦琐，其可靠性不足。当采用增量备份方式时，各盘磁带之间有着链子一般的关系，环环相扣，无论哪盘磁带发生问题，整条链子都会出现脱节。

3. 差异备份

"差异备份"是指上一次完全备份到实施差异备份的时间中，备份增加或修改文件。差异备份的优势是不用每天都完全备份系统，无须耗费过多时间和备份存储空间，一旦面临问题，也能较轻松地恢复数据。

现实中，我们通常采用全备份、增量备份、差异备份相结合的备份策略。如，每周一到周六进行一次增量备份，每周日进行差异备份，每月月底和每年年末进行一次全备份。

（二）数据备份技术

数据备份技术包括冷备份和热备份。

1. 热备份

"热备份"是实时的、动态的备份。热备份的优势：较短的备份时间；备份时仍能够使用数据库；几乎可以恢复全部数据库实体；恢复速度快，能够实现秒级恢复，在大部分情况下能够在数据库工作时恢复。热备份的不足是：不可以出现错误，不然将导致严重后果；如果热备份失败，则其所得结果不能被用于时间点恢复，需要格外仔细地进行操作。

2. 冷备份

"冷备份"是定时的、静态的备份。冷备份的优势：操作简单，只需要简单拷贝；能够轻松恢复到某个时间点（需要拷贝回文件）；能够结合归档作业，将数据库恢复到最佳状态；安全性高、维护轻松。冷备份的不足是：单独对其使用时，仅仅能恢复到某一时间点；在备份过程中，数据库必须保持关闭，不可做其他工作。如果磁盘空间有限，只能在磁带等其他外部存储设备上对文件进行拷贝，大大降低了备份速度。

（三）数据备份的载体

档案备份的介质有硬盘、磁带、光盘、纸、缩微胶片等，其选择要注意以下几个方面：

①电子档案以硬盘、磁带、光盘介质备份。为防止电子档案被修改，可利用一次写光盘（如 DVD-R）只读的特点，将其作为电子档案长期存储的载体。

②具有永久保存价值或其他重要价值，且未形成纸质或缩微胶片备份件的电子档案，应当同时形成一套纸质或缩微胶片备份件，即进行数转模处理，以确保该类档案的长期有效性。

③档案备份应当同时采用异地备份和本地备份的方法。本地备份是指在实施备份单位建筑群或同一建筑中存储备份内容；异地备份包括远程异地备份和同城异地备份，前者是指在外地适当场所存储备份内容，后者是指在本市与实施备份单位不同地域的场所存储备份内容。远程异地备份场所应当选择距离本市 300 公里以上，不属于同一地震带、同一电网、同一江河流域的地区。

第五章 档案信息化管理的信息资源建设

档案信息化是 21 世纪档案事业发展的必然趋势，是进一步提高档案管理和服务水平、实现档案事业跨越式发展的重要一步。本章内容为档案信息化管理的信息资源建设，包括档案信息资源的集聚与整合、档案信息的数字化和档案数据库的建设。

第一节 档案信息资源的集聚与整合

档案信息化的发展离不开信息资源的建设，在发展与建设的问题上，必须把信息资源的建设作为一项重要的工作来抓。对于信息资源建设无论是在实现的手段方面，还是信息资源的有效积累和广泛利用方面，都必须以集聚和整合为出发点和落脚点，要求我们在做好档案管理日常工作的同时，还要加强网络环境下档案信息资源的组织与建设。

一、信息资源的集聚与整合在信息化建设中的重要性

信息资源的集聚与整合是信息资源建设的重点内容，档案信息资源集聚与整合的状况，直接影响档案信息化建设对社会需求的满足程度，因此，充分认识信息资源的集聚与整合在信息化建设中的重要地位，对档案信息化建设的进程具有重要的现实意义。

（一）档案信息资源的集聚与整合是档案信息化建设的重要内容

信息资源是档案管理的基本资源。离开了信息资源，档案管理就失去了存在的客观依据。档案信息资源的数量和质量及其与社会发展的关系将决定档案信息化建设的必要性。因此，档案信息资源的整合与集聚的水平，直接制约着档案信

息化建设的发展，影响着信息化建设的历史进程。由此可见，档案信息资源的集聚与整合在信息化建设中处于非常重要的位置。

（二）档案信息资源集聚与整合的状况，直接影响档案信息化建设的社会效益

事实表明，造成档案利用工作不景气的原因在很大程度上是档案资源不丰富，不能满足社会对信息资源的实际需要，是说资源的存在现状与公众的需求之间存在着很大的差距。如果不改变这种不合理的供求状况，不仅传统的档案利用工作难免每况愈下，也会影响档案信息化建设在公众心中的认可度，会使公众对信息化建设带来的优越性的可信度产生怀疑，甚至产生抵触情绪，因此，加强档案资源的集聚与整合十分必要和迫切。

二、我国档案信息资源的现状

经过近几年的努力，我国档案信息资源在数量的存储上较以前增加了很多，但还存在不少问题，主要有以下几个方面：

（一）数量在急剧增加，但质量不高

近几年来，随着社会信息化建设的不断深入，档案信息化建设也取得了可喜成就，最突出的成就是档案馆藏的总体数量得到了很大的提高，但一些与公众活动有关的新兴领域、新兴载体的档案资源存储数量仍然很少。就质量来说还不是很高、系统性不强。这集中反映在归档的完整性和馆藏的综合性等方面，也和档案归档人员的整体业务水平有关。如，一个单位在实际工作中形成的档案除了纸质档案外，还有照片、录音、录像等新型载体档案。使单位的档案是在移交给综合档案室的档案中，几乎成为文书档案或纸质档案的"一统天下"，反映出档案进馆没有做到齐、全、完整的归档要求，归档单位的系统性存在问题。

（二）共享性较差

这主要是指由于以卷为单位的传统整理方法造成了移交进馆的档案中，有部分档案卷内存在着一些不宜公开的内容，导致馆藏的部分内容处于不能提供利用的状态。

（三）保存的价值性较差

这主要是指移交给档案室的档案存在着不同程度的重复，且档案的利用价值较低，对国家和社会都不具有长久保存的价值。

三、档案信息资源的集聚与整合措施

集聚是指把档案集中起来进行统一管理。要求作为归档的立档单位建立健全归档制度，在各个内设机构的实际活动中，分别形成由各个部门或个人分别保管的、反映本单位主要职能活动和基本历史面貌的各种门类、载体的档案资料都集中到综合档案室，实行统一的规范化管理；各级各类档案馆依照国家档案法律、法规规定的进馆范围，接收和征集有关领域内形成的、对国家和社会有保存价值的、各种门类和载体的档案资料。

档案的整合是指在国家政策的"统一领导、统一管理、统一组织"的体制下通过整理和组合，使对国家和社会有保存价值的档案信息资源的结构趋于更加合理，以适应多方位、高层次、高水平提供档案服务的需要，最大限度地实现档案资源的社会共享。

档案集聚与整合的目的是，通过有效整合国家档案信息资源，提升档案的服务水平，提高档案的综合利用率。为此，必须从各个层面去寻求对国家和社会有保存价值的档案信息资源，采取切实有效的措施，加强档案的集聚与整合的力度，确保档案资源实现最大程度的社会利用。

（一）加强常规档案的接收和征集力度

档案信息资源形成的渠道众多，内容十分广泛，可以根据其对国家和社会的保存价值进行区分，也可以根据是否属于国家政策调控的范围进行区分，此外还存在交叉、包容的部分。按照国家档案法律法规的规定，国家档案馆主要是受国家政策调控范围内的单位，所形成的对国家和社会有保存价值的档案资料，对国家政策调控范围外的单位和个人，形成的对国家和社会有保存价值的那部分档案资料采取征集的方法。国家档案馆在档案接收工作中主要采取以下几种方法：

1. 缩短档案进馆的接收时间

档案资源集聚与整合的目的是为了更充分、有效地利用现有的资源，因此，有必要适当缩短国家政策调控范围内的立档单位,所形成的对国家和社会有保存价值的档案资料在本单位的保存时间,由档案馆提前接收进馆。这样做,一方面不影响立档单位的正常利用,在一定程度上减轻了单位保管档案的工作压力;另一方面,在加快国家档案信息资源集聚与整合的同时,能在最大限度上满足全方位、多层次、多渠道对档案资源的利用需求,这是档案资源配置优化的内在要求,也是档案资源整合的最终目的。

2. 扩大接收的范围

扩大档案的接收范围主要有两个渠道:一是不断调整、扩充进馆单位,不仅接收辖区的一级单位,还有选择地接收有代表性的二三级单位;二是丰富进馆档案的门类和载体种类,不仅接收需要长久保存的文书档案,还要尽可能地将分散在归档单位、个人手中,甚至各业务部门的各种门类的档案资料,如照片、录音带、领导题词等材料全部接收进馆,丰富档案馆藏,扩大利用率。

3. 拓宽归档的接收渠道

随着社会信息化建设的不断深入,新的产业和领域不断产生,随之产生许多新领域的新型档案,如在社会主义市场经济的条件下产生的企业和个人的档案,为了适应政府职能转变管理中心而产生的社区档案,适应社会建设需要的重大活动档案,适应新时期党建工作需要的党风廉政建设档案,以及其他各种对国家和社会具有见证历史、传承文化价值的档案材料等,都应该是档案室今后收集的内容。还要开展多方位的档案征集工作,不仅要扩大档案征集的渠道,面向社会各行各业建立起动态的征集网络,还要采取多种舆论导向、精神鼓励和物质奖励的有效手段,通过征集工作,将那些分散在国家政策调控范围外、对国家和社会有保存价值的档案资料也征集过来,成为国家档案资源的重要组成部分,丰富我国的档案资源。

(二)建立有效的运行机制

1. 科教保障机制

要从根本上实现档案信息资源的集聚与整合,以满足日益增长的社会需求,不断提高工作效率和质量,有必要建立信息资源集聚与整合的科教保证机制。为此,必须做好以下几方面工作:一是要加强档案管理理论的创新工作。事实表明,形成于计划经济时期和传统档案管理条件下的档案学理论,已经不能适应市场经济体制和社会信息化条件下，国家档案信息资源的集聚与整合的客观需要，因此，档案学理论创新不仅要始终瞄准国家档案信息资源集聚与整合工作的难点、热点，还要在实践中接受检验，并注意提高工作人员的理论素质，在科技成果的推广中，转化为推进国家档案信息资源集聚与整合的强大动力。二是要制定档案管理的各项管理标准，包括与国家档案信息资源集聚与整合相关的各项档案鉴定标准、电子文件的归档、录入的格式、分类的标准、电子文件存储的标准、电子文件交换的格式标准，以及档案建设各项具体的指标体系。三是要加强档案信息资源的网络化建设，不断增加新的档案资源，最大限度地实现档案资源的共享。四是要将标准的制定与软件的开发有机地结合起来，使各项技术指标的制定和推行有必要性和可行性，使国家档案信息资源的集聚与整合既有质量保证和较高的工作效率。为此，计算机辅助档案管理技术的应用，重心应向国家档案信息资源集聚与整合的难点、热点转移。

2. 整体调控的机制

档案的集聚与整合是档案信息化建设发展的需要，因此，必须树立国家利益高于一切的管理理念和依法调控的管理机制，遵循我国法制建设"有法可依、有法必依、执法必严、违法必究"的指导思想。必须做到如下几点：一是进一步完善国家的法律法规制度，以适应档案集聚与整合建设的实际需要。二是加强对新领域档案管理工作的监管力度。这一时期形成的档案比较集中体现我国改革开放的成果，其主体相当一部分属于我国调控范围外的单位和个人，因此，要把建档服务放在首位，寓监管于服务中，对国家和社会有保存价值的档案，逐步纳入国家档案信息资源的集聚与整合范围。三是将依法调控档案信息资源的集聚与整合的中心放在服务大局的需要上。为了适应新形势下政府职能转向经济调控、市场监管、社会公共事务的需要，档案行政部门要重点调控好档案信息资源的集聚与整合工作，加强正在形成的重大社会活动档案、重点建设工程档案、重要科研成果档案、企业和个人档案，以及社区建设档案等的收集和整合工作。

3. 舆论导向机制

为推进国家档案信息资源集聚与整合社会系统工程建设，建立有效的舆论导向机制，即利用一切面向社会的报刊、广播、电视、网站等大众媒体，充分发挥舆论在国家档案信息资源集聚与整合中的应有作用。首先，要加强有关政策法规的普及宣传工作，树立公民的国家档案信息资源观念，引导公民正确行使个人对国家和社会有保存价值的档案所拥有的利用和保护的权利和义务，在国家档案信息资源集聚与整合工作中，创造依法调控与以德维护相结合的和谐氛围；其次，要加强档案信息的反馈工作，将国家档案信息资源结构、配置现状和需求情况、资源集聚与整合的进展情况等信息及时介绍给有关部门和个人，使其能有计划地开展工作；最后，要总结经验教训，表彰先进，使单位和个人明确，在国家档案信息资源集聚与整合方面应该做什么，怎么做，有哪些是不应该做的，使大家学有榜样和目标。

（三）加强档案信息资源的组织建设工作

在社会信息化的形势下，档案工作应将档案信息资源的集聚与整合工作向信息化建设方面转化，要改变传统的管理理念，根据信息化的社会需要，加强网络环境下档案信息化建设的步伐。

1. 改变传统的档案管理方式，实现档案信息的多元化建设

随着社会信息化建设的不断开展，原有的档案信息资源的收集方式已经不适合当前形势发展的需要。传统的档案信息资源的收集主要有以下两种方式：一是归档单位的档案，主要通过在某项工作结束或告一段落后的归档形式来实现档案信息资源的集中；二是档案馆主要通过所管辖的地区或所属系统立档单位，档案室移交的形式来实现档案信息资源的集中。这两种传统的组织形式都存在着共同的缺点：耗资大、实效性差、效率低等，根本无法体现网络环境大范围、高效率的优势。因此，档案信息资源的组织与建设有必要利用网络优势，改变传统的收集方式，实现档案信息资源建设的及时性、多元性和有效性。档案信息的收集人员可以向网络节点上的任何档案信息的产生单元，及时以逻辑归档或报送形式收集有关部门或业务人员形成的档案信息。网络上的任何工作站，也可将产生的档案以整体信息移交的形式向档案部门集中。这样，任何档案信息一经产生，可迅速通过网络的传输进入到档案信息数据库中，不必像传统的方式等工作结束或过一段时间才归档，或由立档单位保存一段时间才归档。优点是档案一经产生可以立即归档上网利用，避免了档案信息资源在归档单位保存时间过长，缩短了档案信息资源的利用期限，影响了档案信息资源的社会共享效率，造成了信息资源的极大浪费。

2. 优化档案管理机构，加快档案信息的数字化建设

我国传统的档案馆主要采用手工纸质载体，网络环境下档案的归档处理与信息的交互使用，主要采用数字化信息处理手段，因此，传统的档案管理模式已无法适应网络技术的需要。要想满足网络环境下的档案信息化建设必须调整信息管理的结构，改变档案信息的存在现状，实现档案信息的数字化建设。为此必须做好以下几方面工作：一要改变档案库存的现状，以数字化电子档案为今后的收藏方向，积极收藏大容量、高密度、联机上网能力强的电子档案介质。二要对库存的档案信息进行数字化处理，使它们转化成可以上网的数字化信息。无论是接收新型的数字档案，或是将传统的库存档案进行数字化转换，其目标都必须以建立数字库为基础。当然，各个地区、各个单位的具体情况不同，应从本单位和网络的硬软件实际情况出发，建立与之相配套的档案文献数据库、目录数据库和全文数据库。这样档案信息才能真正与网络接轨，最大限度地实现信息资源共享。

3. 网络环境下档案信息资源的组织方式

传统的信息资源组织方式主要采用手工的编制目录、归档和检索查阅。使用计算机后并没有改变传统的工作方式方法，他对档案信息的录入仍旧是输入计算机前采用人工进行费时费力的著录、索引等烦琐的工作。在信息时代，档案在网络背景下呈现出越来越多元化的特点，包括传统的文本档案、收录了各种音频、视频和图像的多媒体档案。这就要求档案的储存要多元化。描述档案信息相应地提出了高要求，单纯地只描述文献特征是远远不够的。总之，传统的档案信息的组织方式已无法处理网络中的复杂信息，直接影响了网络功能的发挥和信息资源的充分利用。目前，网络环境下档案信息资源的组织方式主要有以下几种形式：

（1）超文本媒体的方式

通过超文本媒体来对相关的信息进行承载，就是通过超文本的形式对声音、光盘、文字等各种资源进行连接，使用户可以充分利用各种形式的信息资源，只需要通过网络，就可以对超链接进行点击，在信息库中对各种信息资源进行浏览，方便快捷地查阅到需要的各种库存信息。

（2）自由文本的方式

这种方式是指通过计算机来对一些信息进行处理。计算机通常都是自动的，可以组织相关的信息资源，处理相关的信息内容，可以对文献内涵进行揭示和处

理，自由文本的检索点并不固定，可以根据档案信息的内容进行自由安排，在进行文本信息表达的时候也会采用多种方式，可以将文献的全貌直接展示出来。自由文本成为人们在对信息进行检索的时候所采用的重要方式，这种方式可以对自演的语言进行使用和运用，还与当下人们的习惯更加符合，与当前的网络环境更加匹配。

（3）基本单位是网络节点的超文本方式

这种方式就是通过网络节点的连接，使文本信息得到组织，形成一种网状结构。这种网状结构可以将所有的信息联系起来，通过不同的角度，人们都可以查阅到某一节点的信息，使网络可以得到灵活运用，人们查询信息的角度更加自由，可以对查阅的信息进行随时、随意的切换，达到省时高效的检索目的。

（4）设置主页的方式

这种方式是将某一机构、任务或项目的各种信息组织在主页进行全面的介绍或综述，其内容的编排和详略程度，由建立主页的机构和个人自行决定。

（5）联机编目的方式

所有准备入网的档案都必须由档案馆首先自行编目，然后再将数据库通过网络进行传送和交换，形成一个总体的目录库，来供所有的上网用户进行网上查阅使用。网上编目的优点是：可以避免重复劳动，提高工作效率和质量，方便档案馆之间的相互交流与合作，有利于实现档案资源的最大共享，提高档案资源的利用率。

第二节 档案信息的数字化

档案信息化处理的对象是数字档案信息，而传统档案都是模拟档案信息，因此，数字化是档案信息化的基础和前提。

一、纸质档案的数字化

什么是纸质档案数字化？在《纸质档案数字化技术规范》（DA/T31-2005）中这样定义：通过各种数码设备来对纸质档案进行处理，使其得到数字化的处理和加工，从而可以将纸质档案的信息储存在光盘、磁盘等各种载体上，计算机可以对其进行识别，并能够形成数字的文本和图像。在信息高度发达的今天，对纸质档案进行数字化处理，是符合发展的潮流和趋势，有利于保护档案的原件、缩减档案储存、管理和保护的成本，是一种优化的方式，实现了档案的资源共享，促进了档案信息的利用，使档案的存在更有意义。

（一）纸质档案数字化加工方式

纸质档案的数字化加工方式主要有直接扫描法和缩微转化法两种。

1. 直接扫描法

通过扫描仪的光学扫描，使纸质档案的原件可以进行数字化的储存，就是直接扫描法。纸质档案以数字化的方式存到计算机中主要经过的步骤是：通过扫描，纸质信息转化为图像信息；通过光电转换器使这些信息转化成模拟电信号，变成数字电信号；利用计算机接口，对数字电信号进行传输，将其保存在计算机存储器里。

直接扫描分为两种方式：

扫描纸质档案后再运用字符识别（OCR）软件进行识别，最终生成文本文件。这种数字化文件的优点是：占据的空间小，便于计算机全文检索，便于档案利用时进行摘录和编辑。缺点是：不能保持档案原件的排版格式和签名、印章等原始信息；有时 OCR 字符识别的准确率较低，核对修改较为困难，数字化效率很低，实际上已经破坏了档案原稿的真实性。

扫描纸质档案后形成数字图像文件。这种图像文件的优点是：能保持档案的内容和排版的原貌，数字化速度快。缺点是：不能进行全文检索，不能编辑文字内容，占据存储空间大。

以上两种方法的优缺点正好互补，现在有一种方法能将两者的优点融合在一个档案中，即制作双层 PDF。其制作方法是：将纸质档案原件扫描成数字化图像文件后再转换成文本文件，将这两个内容一样的文件置入同一个 PDF 文件，将图像文件置于文本文件的上层，图像文件下可隐藏文本文件。当查询该文件时，既能看到上层保持原貌的图像文件，也能对隐藏的文本文件进行全文检索。

2. 缩微转换法

缩微转换法是指针对已经缩微复制的档案，采用专用扫描设备（即缩微胶片扫描仪）将缩微胶片上的模拟影像转换成数字影像的方法。

与直接扫描法相比，缩微扫描法更经济、简便、高效。但是，这种方法必须建立在已经对纸质档案进行缩微加工的基础上。

值得注意的是，在对缩微胶片进行扫描加工后，原缩微胶片应与纸质档案一并保存，不能擅自销毁。由此，该档案形成"三套制"保存状态。虽然缩微胶片不如数字化档案容易保存、复制、查询和传播，但是，作为模拟信息，缩微档案具有人工可读、稳定性好等数字化档案不具备的优势，又具有体积小等纸质档案不具备的优势，应当成为档案信息资源的重要补充形式。

（二）纸质档案数字化工作流程

纸质档案要想进行数字化处理需要经历非常复杂的流程，很多的基本环节都需要注意，这些环节主要包括以下九个步骤：

1. 档案整理

在对纸质档案进行扫描前，应根据档案管理情况，按下述步骤对档案进行适当整理，并视需要做出标识，确保档案数字化质量。

（1）档案出库

一般来说，大批量纸质档案数字化，首先，须将待数字化档案从档案库房搬移至临时周转库房；然后，数字化加工人员从周转库房领取档案进行数字化。无论前者还是后者，数字化加工人员都须按照预定计划，提出申请，经过审批，交接双方清点档案，实行登记，完成档案的交接手续。

（2）目录数据准备

按照《档案著录规则》（DA/T18-1999）的要求，规范档案中的目录内容包括：确定档案目录的著录项、字段长度和内容要求，为数字化档案检索建立目录数据库。建库可利用原有纸质档案的编目基础，原纸质档案目录如有错误或不规范的案卷题名、文件名、责任者、起止页号和页数等，应进行修改。如果纸质档案未建立机读目录数据库，应当按照档案著录规则重新录入。

（3）拆除装订

档案在拆除装订前可逐卷加贴条形码，以便在随后的流程中通过识别条形码对扫描档案进行准确、高效的处理。该条形码还可为以后档案借阅、利用管理提供便利。然后，工作人员逐卷、逐页检查档案，对内容缺失、目录漏写、页码颠倒，以及珍贵、破损的案卷进行登记，并提请档案保管机构妥善处理。

对于不去除装订物会影响扫描工作的档案，应拆除装订物。当拆除装订物时，应注意保护档案不受损害。拆除装订物后将档案原件排好顺序，用夹子夹起防止散乱。对于年代久远、纸质条件较差、不便于拆卷的可采用零边距扫描仪扫描。

（4）区分扫描件和非扫描件

按要求把同一案卷中的扫描件和非扫描件区分开，剔除无关和重复的文件。

（5）页面修整

纸张的质量关系到扫描仪的选择和扫描效果，应对严重破损、褶皱不平、字迹模糊的档案做好登记，分别处理。如，对褶皱的档案，可进行熨烫；对被污染的纸张，可在通风环境中用软毛刷轻轻刷去浮尘、泥垢或霉菌；对破损残缺的文件进行修补。

（6）档案整理登记

对档案原件进行整理和修整后，将其交给工作人员进行扫描，然后填写交接表格，认真填写整理后档案的页数，每一份文件都要进行记录，对于起始页号等相关的信息都要进行准确、详细的记录。

（7）装订、还原与归还

在完成扫描后，如果档案曾进行过装订物拆除工作，那么就需要对档案进行重新装订。重新装订必须符合保管档案的一系列要求，顺序不能改变，也不能遗漏，保障档案的准确性、安全性，确保档案可以继续进行保存。对严重破损的卷皮、卷盒，重新更换。装订人员将装订完成后的档案，贴上专用封条并加盖数字化专用章。档案数字化加工完和重新装订完成后，对其进行清点。在清点无误后，将档案交还给档案管理部门，并办理档案归还手续。

2. 档案扫描

（1）扫描设备选择

在选择扫描仪的时候，应注意规格的挑选，只有和档案幅面相符合的扫描仪才能对档案进行扫描。如果档案是大幅面的，扫描时就可以先进行小幅面扫描，然后对产生的图像进行拼接，也可以选择先进行缩微拍摄，最后用胶片数字化转换设备进行下一步操作。如果档案的纸张情况不佳，就可以利用普通平板扫描仪，避免对过于透薄、柔软的纸张造成破坏。拥有过厚的纸张和带有多色文字的档案，可以通过普通平板扫描仪进行扫描。对纸质条件好的 A4、A3 档案，可采用高速扫描仪扫描，提高工作效率。对于不宜拆卷的档案采用零边距扫描仪扫描。

（2）扫描色彩模式选择

扫描色彩模式有以下两种：

①扫描形成黑白二值图像。这种图像只有黑白两级，没有过渡灰度。特点是黑白分明、字迹清晰、文件容量较小。这种模式适用于扫描字迹、线条质量清晰的文字或图纸档案。

②扫描形成连续色调静态图像。这种图像分为灰度图像和色彩图像两种。灰度图像由最暗黑色到最亮白色的不同灰度组成。灰度级表示图像从亮部到暗部间的层次，称色阶。灰度级越高，层次越丰富，文件占容量越大。灰度模式适用于扫描黑白照片、图像档案，色阶的选择要适度，只要不影响图像质量即可。彩色模式中的色彩数表示颜色的范围，色彩数越多，图像越鲜艳真实，文件占容量越大。色彩数选择也要适度，不是越多越好。彩色模式适合扫描页面中有红头、红印章的档案或彩色照片档案。对永久或长期保存、向国家档案馆移交的档案，一般应采用彩色模式扫描。

（3）扫描分辨率

扫描后，如果确保图像是完整清晰的、可以利用的，那么就可以采用这一类的分辨率参数。在扫描档案的时候，通常会选择灰度、黑白二值和彩色等模式。在这种情况下，200dpi 或大于 200dpi 分辨率较合适。当然，有一些特殊的情况。如果档案的文字较小，或密集文字很难分辨，或纸质档案原件本身不清晰，可以将分辨率提高到合适的级别。一般用 300dpi 分辨率进行 OCR 汉字识别。

（4）OCR 处理

目前，OCR 技术已经很成熟，一般扫描仪都自带 OCR 软件，使用很方便。但 OCR 处理方式存在一些缺点，在识别准确率方面较低，但进行检索的时候会遇到很多问题，如果 OCR 处理后，再进行校对，非常麻烦，所以，在用 OCR 技术对档案进行处理的过程中，想档案的识别率更高一些，应注意以下几个方面问题：

①扫描分辨率的选择不宜过高或过低，合适就行。分辨率过高，导致效率降低，识别速度过慢；分辨率过低会使识别率无法提升，会出现很多错误。这就要

求扫描的操作人员必须要掌控好扫描分辨率，只有选择合适的分辨率，才会使最终生成的数字化档案文本的错字量在可接受的范围内。

②采用OCR技术进行扫描时可以选择黑白二值模式。如果文稿的分辨率较高，印刷质量高，那么灰度模式就足够了；如果文稿印刷质量低，分辨率一般或较低，那么就可以选择用黑白二值模式，因为黑白阈值可以进行手工调节；如果文字轮廓过粗，可以通过减少阈值的方式，尽量减少信息冗余，如果文字的轮廓呈现出缺失状态，那么可以通过增加阈值的方式，使文字分辨率提高，黑白二值模式通过调节阈值可以使OCR识别率提高。

③OCR技术进行识别时要注意文字的倾斜程度，及时校正。细微倾斜不影响OCR识别识别率，但是，过度倾斜会造成影响，所以进行校正非常必要。通过点击倾斜校正这个按键就可以，识别软件会对图像的倾斜程度进行自动校正。校正完就可以进行OCR识别。

④在进行OCR识别前，要预处理稿件。如果文稿上存在一些杂点，需要对这些杂点进行去除处理；如果文稿上存在图片的干扰，需要对图片进行处理，因为OCR识别无法识别图片。如果遇到分栏，需要手动对各栏区域进行划分，将需要进行识别的文字用多个框框住，再用OCR技术对文字进行识别。

⑤OCR识别方式的选择也要合适。因为无法保证稿件都是简体中文，很多繁体中文、英文出现在文稿中，所以，需要对不同的文字进行分类处理。如果文稿中的文字呈块状分布，就是中英文、中文繁简体等呈块状，那么我们可以将文字进行剪辑，使同类文字合并一起，再用OCR识别对不同类型的文字进行处理。

（5）扫描登记

档案扫描的最后一步是进行扫描登记，对文件原件实际进行了多少页扫描，且核对其与整理文档时的页数是否一致，一旦出现不一致的情况，要对相关的情况进行说明，解释清楚原因，并且标明处理的手段和方法。

3. 图像处理

在扫描完成后，按照要求将所得图像进行技术处理，纠正档案扫描件和原件的偏差，使扫描后的档案图文更加清晰、规范。图像处理的步骤如下：

（1）图像数据质量检查

检查图像清晰、偏斜等方面程度。在检查过程中，发现图像质量不达标，要对图像进行相应处理。如果文件漏扫,要进行补扫,将正确的图像插入其中;如果个别扫描的图像不清晰,要重新扫描;如果扫描图像不完整,要进行重新识别;如果图像的顺序发生错误,要对图序进行相应的调整,使档案原件保持一致。还要认真填写相关单据和记录质检结果处理意见。

(2)纠偏

如果图像发生偏斜,要对图像进行相应的纠偏,图像在视觉上可以达到不偏斜的效果。如果图像的方向出现错误,要通过旋转等方式对图像进行还原,使图像的方向与平时阅读习惯相吻合。

(3)去污

如果图像中有一些杂质、黑点、黑线等,要采取相应的去污处理,使图像的质量可以提高。需要注意的问题是不要对档案中的信息进行破坏。

(4)图像拼接

如果在分区扫描大幅面档案的时候,原本完整的图像被分割成多幅,需要对多幅图像进行拼接,使图像保持完整。

(5)裁边

如果图像是彩色的,在扫描的时候,要注意的问题是,不要将白边等扫进去,通过裁边方式对图像的白边进行处理,尽量节约空间。

以上纠偏、去污、裁边等处理,可以根据肉眼判断、人工操作完成;也可以用专门设计的软件,预先进行某些设定,由计算机自动处理。计算机处理虽然效率高,但没有人工处理灵活。如,一旦将污点的大小尺寸设计得过小,计算机会将某些标点符号当作污点自动去除。因此,扫描图像处理还需采用人工和自动处理相结合的方式。

4. 图像存储

(1)存储格式

如果是彩色和灰度模式,那么文件的存储格式通常会选择 JPEG;如果是黑白二值模式,那么文件的存储格式会选择 TIFF(G4)。在选择压缩率时,要选择合适的格式,尽量使存储的容量缩小,图像的清晰程度不能被忽视。同时,CEB 和 PDF 等其他格式也可以作为存储格式。

（2）图像文件的命名

在对图像文件进行命名的时候应该注意，唯一标识符或档号是命名的主要方式，如果整理文档的时候采用"件"作为单位，那么档号的结构是"全宗号—档案门类代码—年度管期限—机构（问题）代码—件号—子件号"；如果采用了"卷"作为单位，那么《档号编制规则 HDA/T13-1994》就是档号编制的依据。

5. 目录建库

（1）数据格式选择

在进行目录建库的时候，数据格式可以选择 Xml 文档的形式，通过间接或直接方式，使数据格式可以产生数据交换。建立数据库时可以在 Excel 中设置专门的档案目录，在其中录入数据，再将这些数据进行导入，使其进入档案管理系统。还可以采用其他的方式，如通过专门的加工管理软件进行录入等。

（2）档案著录

档案著录要符合《档案著录规则》（DA/T18-1999）中所提到的要求，将档案目录数据库建立起来和相关的数据录入其中。

（3）目录数据质量检查

为了确保数据的准确性，可采用"单机录入—人工校对"或"双机录入—计算机自动校对"的方法。不管是人工校对还是计算机校对，都要核对著录项目是否完整，著录内容是否规范、准确，发现不合格的数据应进行修改、重录。

6. 数据挂接

（1）汇总挂接

档案在进行数字化转换过程中，会有相应的图像文件和目录数据库等的形成。质检环节会对这些图像文件和目录数据库进行检测，一旦确认合格，网络会对其进行加载，到了数据服务器端形成汇总。目录数据库与图像文件应避免采用慢且易出错的人工挂接，尽量采用计算机批量自动挂接。只要扫描制作的数字化文件是按纸质档案的档号命名，就可以通过编制挂接程序或借助相应软件，实现目录数据对相关联的数字图像的自动搜索，加入对应的电子地址信息等，实现批量、快速挂接。

（2）数据关联

将目录数据库作为一份参照，对纸质档案进行扫描的时候，每出现一个图像，就可以将其作为一份图像文件保存，也有可能出现多个图像文件，也可以将其作为一份图像文件保存，将其存入相对应的文件夹，然后对这些图像文件的名称、页数等相关信息进行核查，将档案目录数据库中的档号和图像文件的名称进行关联，使它们之间形成紧密的数据联系。

（3）交接登记

数据挂接的最后一步是对交接登记表进行准确、认真填写，整理档案页数、文件得到数据关联后的页数、进行扫描的页数都要认真填写和核对，核查其是否一致，如果不一致，要在表中说明不一致的原因，以及采取什么办法对页数不一致的情况进行处理。

7. 数据验收

要对数据进行抽查检验，查看图像文件是否出现不清晰、有缺失等情况，检查数据挂接是否出现错误，如果发现这些现象要对其进行标记，用"不合格"对有问题的数据进行标记。当抽检达到95%及其以上的合格率时，就可以将此次数据验收确认为"通过"。

合格率＝抽检合格的文件数/抽检文件总数×100%

认真填写纸质档案数字化验收登记表单。验收"通过"的结论，必须经审核、签署后方有效。

8. 数据备份

经过数据验收后，对合格的数据要进行相应的备份。在进行备份的时候，采取多元的方式，不能只备份一套，要注意离线和在线的结合备份，要进行异地保存。对备份的数据要进行检查，只有完整准确的数据，才确认合格，将备份的数据做好标记，填写相应的单据。

9. 数字化成果管理

纸质档案进行数字化转换工作的最后一步流程是管理数字化成果，确认这些成果是可以长期使用的，并且确保其完整安全。制作单位的标识应该出现在网络检索中，这样可以对数据进行更好的管理，对数据格式进行区分，按照实际情况分为两类，可以进行下载和不可以进行下载。

二、照片档案的数字化

与文字档案相比，照片档案能更生动、直观、真实地还原历史场景和人物特征，是重要的影像记忆和特色鲜明的档案资源。目前，有些老照片已经褪色、发黄、破损，亟待采用数字化手段对其图像信息进行抢救和保护。

从工作原理上说，照片档案数字化与纸质档案数字化的操作过程和要求大体相似，也存在不同。

（一）照片档案数字化的对象

照片档案数字化的对象分为底片和照片两种。在有底片的情况下，应优先选择底片。底片扫描具有以下优越性：一是传统的照相过程是先形成底片（负片），再用底片冲印成照片（正片），因此，底片较正片具有更好的原始性和价值性。二是对底片直接进行数字化，相比将底片冲印成纸质照片，再对照片进行数字化处理过程，工序简单，操作简便，有利于降低数字化成本，提高工作效率。三是传统摄影具有色彩还原真实自然、细节层次精致丰富的特点，相对数码摄影仍有一定的优势，由此底片扫描可以提高扫描图像的质量。四是许多具有档案价值的老照片都以底片方式保存，随着时光的流逝或保管不善很容易褪色和霉变，底片扫描有利于及时抢救这些珍贵的老照片。五是有些行业会形成大量底片档案，如医院的 X 光片，将其扫描成数字图像，有利于对底片档案进行计算机存储、处理和传输。

（二）照片档案数字化方式

扫描仪扫描输入和数码相机翻拍录入，是照片档案数字化采取的两种主要方式。

1. 扫描仪扫描输入

扫描仪扫描输入是照片档案数字化最常用的方法，可采用普通平板扫描仪和专用照片扫描仪。与数码相机翻拍录入相比，扫描仪扫描照片操作简单，适用于各类照片档案的数字化处理。

2. 数码相机翻拍

照片档案可以用数码相机进行翻拍，这是一种非常快捷的方式，这种方式缺点是拍摄难度的问题，曝光、变焦等各种问题都需要格外注意，在实际操作中表现出较大的难度。如果用普通的数码相机，那么像素是一个很难解决的问题，因此需要使用中高档数码相机。中高档数码相机镜头都配有较大值光圈、变焦镜头、高分辨率 CCD 等，可以保证高质量的拍摄效果。数码照片翻拍最好采用数码翻拍仪，用手持数码相机拍摄图像，曝光难以掌握，图像容易变形。如果翻拍的照片变形，可采用 Photoshop 等软件进行纠正。

（三）照片档案的扫描分辨率

目前，国家未对照片档案的扫描分辨率制定标准，各类照片扫描分辨率参数如表 5-2-1 所示。

表 5-2-1　各类照片扫描分辨率建议参数

扫描对象	35mm 底片（长 35mm、宽 24mm）			120mm 底片（长 60mm、宽 60mm）			相片	
规格	输出幅面			输出幅面			原件尺寸	
	5×4寸	A4	A3	5寸	A4	A3	5×4 英寸（89mm×127mm）	5×4/N 英寸
建议扫描分辨率（dpi）	1200	2400	3200	600	1200	1600	600　　　　　　　　　　　　　　　　注：待扫描相片的尺寸为 5 寸照片的 1/N，则扫描光学分辨率设定为 600 的 N 倍；待扫相片的尺寸为 5 寸照片的 N 倍，则扫描光学分辨率设定为 600 的 1/NO	N×600

建议参数只是针对一般情况，实际上还须考虑照片的清晰度。从严格意义上说，即使相同幅面，其分辨率也不可能完全一样。

（四）位深对数字图像阶调的影响

位图图像包含一个重要的要素，就是像素。像素代表着灰、白、黑或彩色等各种信息，比特位数是计算机衡量像素光亮信息的方式。如果像素信息用一位记录，那么只能表示黑、白；如果像素信息用二位记录，那么灰度区别有四种可能。将这些用来记录的位数称为位深，位深越高，就有越多的灰度级。

（五）照片档案的储存格式

数字化的照片档案存储格式比较多，如 BMP、JPEG 格式等。一般情况下，档案部门可选择 JPEG 格式来存储照片档案，但是，这种格式会损失图像信息。所以，对于那些比较重要的、要求高保真度的照片档案就要选择无损方式储存的 TIFF 格式，这种格式结构灵活和包容性大，易于转换为其他格式。

三、录音档案的数字化

录音档案是以声音为信息表达方式的档案材料，包括纯录音档案和含录音档案。在传统档案中，唱片、录音带为纯录音档案，电影胶片、录像带为含录音档案。录音档案数字化的现实需求强，投入较低，技术实现相对简单，实际效果明显，因此，录音档案数字化应当受到档案部门的高度重视。

（一）录音档案数字化的前期准备

录音档案数字化前期，要制定录音档案数字化方案：选择和配置适用的软硬件系统，确定录音数字化输入的格式、载体；确定录音档案数字化的范围，明确数字化的先后顺序。录音档案能够顺利播放是数字化的前提，因此，数字化前期还必须检查录音档案的质量和完整性。旧磁带可能存在不同程度的粘连、信号强度减弱、磁粉脱落等问题，因此，在数字化前必须对旧磁带进行清洁、修复，确保数字化质量。

（二）录音档案数字化的流程

1. 音频采集

①用连接线将放音机与计算机相连接。

②在对参数进行选择的时候，要对声音质量进行参考，通常会选择 44.1kHz 及其以下的采样频率；在对声音样本进行选择的时候，要选择 16 位及其以下大小的；在对声道数进行选择的时候，要对原录音进行参考，如果是 DVD 中的声音则选 48kHz；还要设定录音质量、时间长度。

③在放音机放音的同时启动音频制作软件的录音按钮，并通过音频制作软件调节音量大小等参数。

2. 音频编辑

音频采集后，可使用音频制作软件对音频文件进行编辑处理，使其符合数字化的要求，主要包括音量调节、音调调整和噪声处理。

3. 音频存储

在处理完成后，选好存储地址，输入文件名，选择文件类型，将其保存。数字音频文件的保存类型和格式有很多，如 WAV 格式、MP3 格式等。

（三）录音档案数字化的后期工作

在数字音频文件形成后，计算机中要有文本形式的声音档案，这样做的目的是为了使全文检索可以更方便。在通常情况下，录音等文本文件彼此对应，二者的文件名可以是一样的，但是，他们有着不同的扩展名。

音频文件经过数字化的程序后，必须将数据库建立起来，对音频和对应文本文件进行储存，使其在后期得到有效利用。录音档案数据库的内容包括数字化的责任人、日期和录音地点等。

（四）录音档案数字化的文件格式

目前流行的音频文件格式主要有以下几种：

1. WAV 格式

声音文件格式包含很多种，微软公司采取了 WAV 格式，并且很多应用程序都对这种格式进行了支持。该格式支持多种音频数字取样频率和声道，标准格式化的 WAV 文件和 CD 格式一样，也是 44.1kHz 的取样频率，16 位量化数字，声音文件质量和 CD 相似。优点是编、解码简单，支持无损耗存储；缺点是需要较大的音频存储空间。

2. MP3 格式

MP3 对 MPEG Audio Layer3 这一技术进行了应用，实现了对音频的压缩，使音频可以大大降低自身的数据量，压缩率可以是 1∶10，甚至是 1∶12，使文件的容量降低，对音频的质量进行了保持。

3. WMA 格式

WMA 是微软公司的一种音频格式。WMA 格式是以减少数据流量，但保持音质的方法达成更高的压缩率目的，生成的文件大小只有 MP3 文件的一半。与

MP3 相同，WMA 也是有损数据压缩的格式，因此，在一定程度上影响声音质量。

4.AAC 格式

AAC 格式采用了一些功能，使其编码效率得到提高。与 MP3 格式相比，AAC 格式采用了与之相同的法则进行运算。相较于 MP3 格式，AAC 格式的音质更佳、文件更小。但是，AAC 属于有损压缩的格式，相较于 APE 和 FLAC 等时下流行的无损格式，其音色饱满度差距较大。

5.CD 格式

CD 是最传统的非压缩数字音频格式，与标准格式的 WAV 文件一样，均采用 44.1kHz 的采样频率和 16 位采样精度。由于未压缩，它的音频具有高保真性。但是，这种格式仅用于光盘存储，占用空间较大。

6. DVD-Audio 格式

DVD-Audio（DVD-A）是一个 DVD 碟片上的数字音频存储格式，采用与 CD 一样的非压缩方式，充分利用 DVD 碟片记录容量大的特点，提高了对音频信号的采样频率和采样精度，其保真度超过 CD。该格式可附带文字说明或静止画面。

档案部门在选择以上格式时应考虑：音频的保真度，尽量选用无损压缩的格式；支持附带文字说明（如 DVD-Audio 格式），便于将档案的著录信息直接嵌入音频文件，用于计算机检索。

四、录像档案的数字化

传统的录像档案是以模拟图像和声音符号记录的，集视听于一体的特殊载体档案。该种档案容易因磁介质退变、老化造成信号衰减、损失，或因播放设备的淘汰而无法播放。因此，将录像档案由模拟信号转为数字信号，已经成为抢救录像档案的当务之急。

（一）录像档案数字化的硬件配置

1. 放像设备

要按照录像档案载体选择不同的放像设备。受到数字设备的冲击，许多传统的放像设备已经退出市场。以前模拟录像带非常流行，其采用了不同的制式，包括 8mm、VHS 等各种类型，技术质量也分为了很多不同等级，导致不同规格的设备产生了不同的性能，它们至今仍会出现彼此不兼容的现象，所以在对录像带进行播放时，必须要考虑到录像的类型和型号，采用相应的设备。

2. 视频采集计算机

计算机只有配置视频卡才能实现录像档案数字化。视频卡的功能是将录像带保存的模拟信号转换为数字信号，将其保存在计算机中。视频卡的质量决定着录像档案数字化工作的质量。目前，市场上的视频卡很多，档次不一，应根据需要合理选用 MPEG-1 或 MPEG-2 卡。由于数字录像档案的数据量很大，对计算机的速度要求很高，电脑 CPU 最好有 3GHz 主频。如果采集 DV 视频信号数据量大，传输速度要求高，则不能用普通 USB2.0 接口传输，建议使用 IEEE1394（又称为火线）接口，即视频采集计算机必须带有 IEEE1394 接口，才能有足够的速度将 DV 拍摄的模拟信号无损伤地采集到计算机系统中去。

3. 存储介质

数字录像档案的存储介质与数字录音档案一样，主要有 DVD-R、DVD-RW、磁带、硬盘等。考虑通用性、容量等因素，建议用 DVD-R 或移动硬盘作为数字录像档案的脱机存储介质。

（二）录像档案数字化的软件配置

各种视频编辑软件，如 Adobe Premiere Pro 以及 Windows 系统自带视频编辑软件 Windows Movie Maker 等都提供屏幕捕捉功能，将 DV 录像信号转换成数字信号输入计算机系统。由此，视频采集前须安装某种视频编辑软件。

（三）录像档案数字化的工作流程

录像档案采集完成并输入计算机后，模拟的音频和图像的信号已经得到了分离，它们需要各自进行输入，由视频采集软件进行统一的控制，对音频和视频的信号进行采集，使数字化的视频数据可以将音频包含进来。录像档案数字化工作流程与录音档案数字化工作流程有相似之处，可分为如下阶段：

1. 数字化前期准备

根据各单位录像档案的实际情况制定录像档案数字化方案，确定录像档案数字化的范围，合理安排数字化工作的先后次序；将录像档案从库房中取出，检查录像档案的质量和完整性，并做记录，修复受损的录像档案，以满足数字化工作的需求。

2. 数字化阶段

（1）视频采集

准备好数字化工作所需的软硬件设备，将放像设备与视频采集设备相连接。打开视频编辑软件，设置各种参数，监控计算机上播放的视频质量；预先设定所需生成的视频文件的格式、设置视频文件的各项参数；参数设置后预览视频信号，如果不符合要求则应进行适当调整，使视频质量达到最优。此后，便可正式进行视频采集。视频采集不能快进，即如果 DV 录像是 60 分钟，则采集时间也是 60 分钟。

（2）视频编辑

视频在采集完成后，要用视频编辑软件对其进行剪辑、编排，调整视频效果，使其满足需求。

（3）视频存储

采集完成后形成的视频文件应当按规范命名，形成电子档案管理要求的规范格式，一般采用 AVI 或 MPEG-2 格式，也可采用 WMV、MP4、MOV 等流行格式存储一套复制件。MPEG-1 是曾经流行的视频格式，图像质量差，已经过时，现在一般不采用。视频文件可采用移动硬盘、DVD-R 等脱机载体存储，如果要提供共享查询，则需要将其上传到网络服务器中保存。

3. 数字化后期工作

为了方便用户查找利用数字录像档案，档案部门需建立数据库。数据库包括两部分，一是数字录像档案目录，二是数字录像档案文件，两部分内容之间须建立链接，用户可以方便地在数据库中查找所需数字录像档案文件。

（四）录像档案数字化的文件格式

1. AVI 格式

AVI（Audio Video Interleaved，EP 音频视频交错格式），于 1992 年由微软公司推出，是将语音和影像同步组合在一起的文件格式。它采用了有损压缩方式，支持 256 色和 RLE 压缩，压缩比较高，画面质量不太好，其应用范围非常广泛。

AVI 信息主要应用在多媒体光盘上，用来保存电视、电影等各种影像信息。AVI 是我国电子文件管理国家标准认可的视频文件归档格式之一。

2.MPEG 格式

MPEG（Moving Picture Experts Group，即动态图像专家组格式）是运动图像压缩算法的国际标准，采用有损压缩，保证了图像的显示质量。MPEG 标准主要有 MPEG-1、MPEG-2、MPEG-4 等。MPEG-1 于 1992 年制定，为工业级标准，适用于不同带宽的设备。其传输速率为 1.5 Mbit/s，每秒播放 30 帧，按照该标准制作的视频是 VCD 格式，图像质量较差。MPEG-2 于 1994 年制定，设计目标是高级工业标准的图像质量。其在 NTSC 制式下的分辨率可达 720x486dpi，按照该标准制作的视频是 DVD 格式，图像质量明显优于 MPEG-1。MPEG-4 于 1998 年制定，是出于网络播放目的而设计的流式视频文件格式标准，传输速率为 4.8—6.4 Mbit/s，能以较少的数据获得最佳的图像质量。

3.MOV 格式

Apple 公司开发了一种文件格式，包含视频和音频在内，这种格式就是 MOV 格式，利用 QuickTime 可以对视频进行清晰的播放，其压缩方式和 AVI 类似，画面质量高于 AVI，几乎支持所有主流 PC 机操作系统。

4.WMV 格式

微软推出了 WMV 格式，这种格式是由其他格式升级得到的。这个其他格式'是指 ASF 格式。WMV 是 Windows Media Video 的缩写，ASF 是 Advanced Stream Format 的缩写。WMV 格式下的文件是非常适合网络的，其在进行下载的同时并不会对播放造成任何影响。

在选取数字视频文件的格式时，要综合考虑其通用性、保真性和方便性。就综合而言，MPEG-2 压缩标准的视频格式在各个方面都优于其他格式。MPEG-2 是一个国际化的系列标准，具有良好的兼容性和通用性，能够比其他压缩算法提供更好的压缩比，已经成为市场的主流。

五、数字化成果的存储格式选择

对于各类档案数字化后形成的数字化成果，需要正确选择其存储格式，这关系到数字化成果的质量、管理成本、查询利用效率。由于数字化技术的迅速发展，现有格式不断升级，新的格式不断出现，数字化成果的存储格式也不会一成不变。一般在选择长期保存的格式时应综合考虑以下因素：

①兼容性强，可以在不同的计算机平台上显示和运行。

②保真度高，能在不同的技术环境下保持纸质档案的原始质量和版面。

③压缩比高，高效的数据无损压缩，可保证档案数字化成果存储占据容量小，便于高效率地移植、传播和显示。

④要使字体可以保持独立的状态，无论是其颜色，还是其格式等各种因素都可以不受环境的影响，进行还原。

⑤可自带元数据，准确记录档案数字化成果的形成、变化过程，以证明档案文件的真实、完整和有效性。

⑥对图形、文字、视频和音频等各种信息都可以进行支持。

六、档案数字化成果的格式转换

在档案进行数字化后，还需要对其进行管理。在这个过程中，需要做到的是使数据保持有效性，并且这个有效期要尽可能长，可以满足不同条件下各种播放器的需要。现在，也可以通过格式转换的方式来对文件进行打开，但是，要知道这种方法效率并不高，并不是所有格式的文件都可以进行转换，这时就需要学习如何进行批量的格式转换，有一个软件叫作"格式工厂"，通过这个软件可以对视频进行批量转换。这个免费的软件有很多功能，并且 Windows 系统就可以进行操作，其功能主要包括以下五个方面的内容：第一，批量转换速度快；第二，可以对任何格式进行转换，无论是音频还是视频，无论是文字还是图像，这一款软件都可以很方便地对其进行转换；第三，可以识别的原因种类多，这款软件可以支持的语言包括六十多种；第四，可以对一些文件进行修复，还能对文件的大小、位置等进行设置；第五，对于文件的水印、旋转等各种功能都能支持；第六，可以对 DVD 视频进行抓取，还能对 DVD 进行备份。

在对这款软件进行使用的时候，我们会发现界面的左侧可以进行选择，只要对文件格式进行选择，屏幕上就会出现文件选择这一选项，然后就可以对文件进行批量选择。在进行批量转换前，只需要对各项参数进行合理的设置，在进行转换的过程中会非常快捷。

第三节　档案数据库的建设

数据库是以一定的组织方式存储在一起的相关数据的集合。其特点是数据结构化、高独立性和少冗余。

档案数据库建设是档案信息化建设的核心和基础，是摆在档案工作者面前重要而紧迫的任务，需要按照科学规范的要求进行严格管理。

一、档案数据库建设的意义

（一）档案信息化水平的重要标志

我国档案信息化自 20 世纪 80 年代起步以来，积极致力于档案目录数据库建设，建立了档案目录中心，显著提高了档案管理的效率和质量，方便了档案的查找利用和资源共享，成为档案信息化建设最早、最直接获得的成果，也不断增强了档案工作者对档案信息化的认识和信心。实践证明，档案数据库建设的规模和质量，不但是档案信息化的核心任务，而且是衡量档案信息化水平的重要标志。

（二）档案信息资源建设的基础

归档文件材料属于一次档案文献，虽然具有原始性，但是属于无序、分散、非结构化的档案信息，难以形成资源优势，不便于集中统一管理和广泛共享利用。档案目录数据库建设的实质是，通过对档案内容和形式特征的分析、选择和记录，采用数据库管理技术，将档案著录信息输入计算机系统，形成二次档案文献，即结构化的档案信息，此举可有效提高档案信息的丰富度、凝聚度、集成度、融合度、共享度、适用度和价值密度，降低其失真、失全、失效和失密的风险，从而形成档案资源体系，提升档案信息化的综合实力。如果没有高质量的数据库，那么再好的软硬件系统只能是"空壳"。

（三）开发利用档案信息资源的前提

档案信息化的主要目的是将对档案的实体管理转变为对档案信息的管理，即对档案内容的管理，这是信息技术的优势所在，也是传统管理最大的难点。建设档案数据库，有利于加快推进档案信息资源的整合和共享，使档案信息真正成为优质资源和共享资源；有利于信息技术和大数据技术应用，促进档案信息的资源体系、服务体系和安全体系建设；有利于最大限度地发挥档案价值，为档案信息资源的开发和利用创造有利条件。如果没有档案数据库，那么档案信息化就是空中楼阁、流于形式。

二、档案目录数据库建设

档案机读目录是对目录数据库进行记录，称为"档案电子目录"，是存储在计算机内，使用某种数据库管理系统组织管理档案目录的数据集合。

（一）档案目录数据库的结构设计

著录对象有各种差异，其层次的差异决定了档案目录数据库的分类，将其分为两类：文件级、案卷级。为实现计算机检索，必须将反映档案内容特征和形式特征的案卷级著录信息和文件级著录信息输入计算机数据库，由计算机系统通过专门的数据库管理系统和档案管理软件对其进行采集、加工、整理和检索。

数据库管理系统是存储、管理档案目录信息的最佳工具，按照一定的数据模型，将相互联系的结构化信息以特定的方式组织存储起来，构成数据集合。档案目录数据库的结构设计包括两项内容。

1. 选择档案著录项目

《档案著录规则》（DA/T18-1999）规定了档案进行著录的项目和形式。该标准规定的著录项目共分七项，每项分若干著录单元（小项）。在列举的 22 个著录小项中，只有正题名、责任者、时间项、分类号、档号、电子文档号、缩微号、主题词或关键词八项为必要项目，其余为选择项目，不同的档案目录数据库在项目选择上可能存在较大差别。

事实上，《档案著录规则》（DA/T18-1999）主要用于规范传统档案目录的著录标引工作，对电子档案目录的检索和网络共享考虑不够充分。因此，目前在构建档案目录数据库时增加一些新的著录项目。如，为便于解决数据访问权限的控制问题，增加"主办部门"和"协办部门"项目；为便于调阅数字化的档案全文，增加"全文标识"项目；为解决跨地区、跨层次数据共享，增加"组织机构代码"等。2001 年 1 月实施的《归档文件整理规则》对档案目录数据库著录项目的确定带来了较大影响，采用新规则形成的文件目录数据库，在结构上与此前的文件目录数据库有所不同，许多地方传统文件与电子文件分别规定了不同的库结构。

2. 确定著录项目的数据格式

具体规定每个著录项目（记录字段）的数据类型和字段长度。数据库管理系统所管理的数据对象是结构化的，因此，必须确定好档案目录数据库各字段的名称、字段类型、代码体系和约束条件等。

（二）档案文件的著录标引和著录信息录入

档案文件的著录标引和著录信息录入，是档案目录数据库建立的重要工作和档案信息化的关键环节，意义重大要高度重视。从形式上看，"著录"和"录入"是两项工作，在档案信息系统操作中结合起来交叉进行，一边著录标引，一边录入数据。为了提高档案著录与数据录入的速度和质量，应从以下三个方面采取对策：

1. 提高认识，增强操作人员的责任心

档案著录和数据录入工作的重要意义是：大规模、高质量的档案目录数据是实现档案信息化价值的前提。信息行业有一句行话："三分靠硬件，七分靠软件，十二分靠数据"，没有实力强大的数据库，再先进的档案信息系统也是空中楼阁，形同虚设。数据质量问题会给档案信息系统埋下隐患。信息行业还有一句行话："计算机系统输入的是垃圾，输出的也必然是垃圾，绝不会成为宝贝"。一旦输入了垃圾数据，计算机软硬件技术难以自动消除。档案数据库质量控制有"技防"和"人防"两种，其中人防，即提高人的责任心和操作技能永远是第一位。因此，要从培养操作人员的素质抓起，落实工作职责和考核办法，实现对档案文件的著录标引和著录信息录入工作的精细化管理。

2. 严格按照国家规范设计数据库结构

档案信息化建设单位应当严格按照《档案著录规则》《档案分类标引规则》《档案主题标引规则》《中国档案分类法》《中国档案主题词表》等国家相关标准规范，结合实际，制定本行业、本专业、本单位标准和规范，为档案数据库建设提供标准支持。要维护标准和规范的权威性，在档案信息系统开发，特别是数据库结构设计时应严格执行相关标准和规范，防止数据库设计的盲目性和随意性，确保档案数据的一致性、准确性和规范性。

3.采取有效的技术手段提高数据录入的速度和质量

档案文件的著录标引和录入工作十分枯燥，效率低，容易引起操作疲劳出错。应当在加强"人防"的同时，科学采用"技防"。事实上，计算机技术的发展已经为提高数据录入的速度和质量准备了充分的手段。

（1）在数据库建设中控制数据结构定义

为了提高系统的适用性和可扩展性，很多档案信息系统都为用户提供了灵活的数据库自定义功能，这项功能如不加以控制会造成"乱定义"，即定义的随意性。为此，当设计档案信息系统自定义功能时，应当将数据库的表字段设计分为"必选项、可选项"。必选项应严格按照《档案著录规则》设置，不允许自定义，可选项可在规范引导下进行自定义。

（2）利用计算机智能，自动录入数据

在录入档案数据时，某些档案著录项可以通过计算机自动处理后录入数据，如自动生成档号、序号、部门号、库位号；根据文件级著录的文件页数和文件日期，自动生成案卷级文件页数、起止日期；根据文件的归档类目号，自动生成分类号；根据文件标题或文件内容，自动标引主题词等。自动录入的数据能够避免人为录入差错，节约人力，显著提高了录入速度。

（3）使用代码录入

代码是确保著录信息和档案特征一致的有效手段。如组织机构名称，有全称或简称，简称又很不规范，这会造成检索时的混乱，应用代码可以做到代码和组织机构的严格对应，检索时不会出现漏检或误检。因此，档案信息系统应设计简便的代码管理功能包括代码的维护、录入提示等，确保规范使用代码，又快又好地录入档案著录信息。

三、档案全文数据库建设

档案全文数据库是存储、组织管理数字化档案信息的数据库系统，包括档案的档号、题名、责任者、正文、形成时间、密级、保管期限、载体、数量、单位、编号著录信息和内容信息。档案全文数据库所管理的对象，不仅包括经数字化处理的传统馆（室）藏档案，还包括以数字化形式直接生成的电子文件（档案），如各类文本、表格、图形、图像、音频、视频、数据库、网页、程序等。应用环境不同，系统软件不一，生成的文件格式也会不同。因此，必须确定电子文件的元数据标准和存储格式，以规范档案全文数据的组织与管理。

（一）档案全文数据库构建的过程

全文数据库的构建包括以下过程：

1. 数据采集

即对加载到全文数据库中的数据进行录入、采集和整理等处理。全文数据的获取方式有三种：一是图像扫描（或数码拍摄）录入。该方法形成的图像信息能保持文件的原貌，但占用存储空间大，不能直接进行全文检索和编辑。二是键盘录入。该方法形成的是文本信息，占用存储空间小，存取速度快，支持全文检索，但是，输入工作量大，文本的格式和签署信息容易丢失。三是图像识别录入，即对扫描形成的图像进行 OCR 识别，形成文本信息。该方法虽然具有上述两种方法的优点，但是，OCR 识别带有一定的差错率，特别当档案原件字迹材料不佳、中英文混排或带有插图、表格时，差错率较大，人工纠错成本较高。因此，数据采集要权衡利弊，有选择地使用。

2. 数据预处理

将采集后形成的档案数字化成果转换成规范的格式进行规范化命名，再进行统一标准的著录与标引。采用自动标引技术的系统，可以从文本文件中直接提取关键词或主题词，辅助计算机检索。

3. 数据检索

档案全文数据库建成后，可采用全文检索系统提供的功能对数据库进行检索。

4. 数据维护

全文数据库建成后，需经常对数据库的内容进行索引、更新、追加和清理，以保证数据库的实用性和时效性。

（二）档案全文数据库的功能

理想的档案全文数据库应具有以下基本功能：

①能够获取、存储和使用不同类型、不同格式的档案信息。

②能够按照确定的数据结构有效组织大量分布式的不同类型、不同格式的电子文件或扫描件，为建立有效的检索系统。

③能够快速、正确地实现跨库访问和检索。
④能够对全文信息的访问和使用进行许可、控制和监督等授权管理。
⑤能够在网上发布全文数据库数据。
⑥能够集成支持全文数据库管理的各种技术，如超大规模数据库技术、网络技术、多媒体信息处理技术、分布式处理技术、安全保密技术、可靠性技术、数据仓库与联机分析处理技术、基于内容的分类检索技术、信息抽取技术然语言理解技术等。

四、档案多媒体数据库建设

档案多媒体数据库是对文本、图像、图形、声音、视频（及其组合）等媒体数据进行统一管理的数据库系统，具有良好的交互性，输出的多媒体文件形象直观，图文声情并茂，能真实生动地还原历史记录。档案多媒体数据库属于特色数据库和优质档案信息资源，应当列为档案数据库建设的重要内容。

（一）建立档案多媒体数据库的步骤

建立档案多媒体数据库有三个步骤：一是收集和采集来自各种档案信息源的多媒体信息。如果来源是数字化多媒体信息，即多媒体电子文件，则归档处理后直接进入档案多媒体管理系统的存储设备中；如果来源是模拟多媒体信息，如模拟录音、录像，则采用音频或影像采集设备，将其转换成数字化的多媒体档案后输入到档案多媒体数据库。二是按照多媒体档案的整理规则，对多媒体电子文件进行整理，形成档案多媒体目录数据库。三是将整理后的多媒体档案挂接到档案多媒体目录数据库中。

（二）多媒体档案与档案多媒体目录数据库的挂接方法

鉴于多媒体档案占据容量大，对档案数据库运行效率影响也大，因此，需要慎重选择多媒体档案与档案目录数据库的挂接方法。挂接的方法一般有基于文件方法和二进制域方法两种。

1. 基于文件方法

基于文件方法又称为"链接法"，这种方法是将独立存储于计算机载体中的多媒体档案的名字与位置（即路径）存入（即"链接"于）档案多媒体目录数据库相应的记录中，不是将档案存储在目录数据库中。当数据库管理系统访问多媒体档案时，根据目录数据库中记录的多媒体档案名称和路径，访问多媒体档案。这种方法的优点是：尽管多媒体档案容量大，但是不会给目录数据库增加负担影响目录数据库的运行效率。缺点是：多媒体档案与目录数据库的关系不够紧密，容易因系统或数据的迁移而断链，造成通过目录找不到对应多媒体档案的故障。

2. 二进制域方法

二进制域方法又称为"嵌入法"，这种方法是把多媒体档案实实在在地存放于（即"嵌入"到）目录数据库中的 BLOB 字段（即"二进制域"）中，该字段能存储大文件，因此又称为"大字段"。该字段有两种：一种是 Memo（备注）字段，可以存储大文本文件，容量相对较小。另一种是 OLE（对象嵌入）字段，可以存储大二进制文件，如多媒体档案等。ORACLE 数据库的一个 BLOB 字段可存储不大于 4G 的多媒体文件。这种方法的优点是：多媒体文件与目录数据库的关系相当紧密，不会断链。缺点是：大容量的多媒体文件会增加目录数据库的负担，影响其运行效率。因此，当使用二进制域方法时，需要采用一些技术手段来弥补其缺陷。

第六章　档案信息化管理的保障体系建设

档案信息化是一项开拓创新的事业，也是一个充满风险的领域。这项事业的健康发展和逐步奏效，需要一系列相互作用、协调配套的支持条件。本章内容为档案信息化管理的保障体系建设，分别介绍了宏观管理保障体系、标准规范保障体系、信息安全保障体系、人才队伍保障体系和信息技术保障体系。

第一节　宏观管理保障体系

档案信息化是档案事业发展的战略举措，是档案现代化的立体战役。为了确保这项工作循序渐进、卓有成效，需要自上而下地进行总体规划和精心地组织实施。

一、档案信息化规划

档案信息化规划是档案行政管理部门、针对档案信息化事业发展制定的全局性、长远性谋划，是对发展目标、任务、措施的宏观思维、精准描述和权威部署，是反映发展规律，驾驭发展大局，破解发展难题的顶层设计，具有定位目标、激发士气、凝聚人心和统一步伐的作用。

（一）规划制定的步骤

1. 组织机构

档案信息化规划的制定事关大局和长远，应当建立由单位主要领导主持，由信息化管理人员、相关业务技术人员和档案管理人员参加的规划起草小组，具体负责规划制定的全过程工作。为了开阔眼界，还可以聘请外单位有关档案信息化的专家对规划起草人员进行培训，对起草工作给予咨询、审核和把关，或直接负责规划的撰写工作。

2. 调查研究

调研主要包括四个方面：一是对国际、国内、本地区、本行业档案信息化发展战略和规划的调研，了解其对档案信息化目标、任务和措施的定位，以为本单位规划制定提供参考。二是对同行业或相近行业档案信息化的先行单位进行调研，学习和借鉴他们的成熟经验。三是对社会信息化发展状况进行调研，了解其软硬件技术发展水平，以及哪些技术适用于本单位。四是对本单位档案工作和档案信息化需求进行调研，发现和分析存在的问题，研究利用信息化手段破解问题的对策。

3. 撰写规划

对调研结果进行归纳总结，撰写调研报告。根据调研报告撰写规划大纲，征求有关领导、专家或业务技术骨干的意见。根据拟定的规划大纲，撰写规划初稿。初稿完成后组织专家进行科学性和可行性论证，广泛征求机关各业务部门和相关单位的意见，修改完善后交本单位领导审核、签发、正式颁发。

4. 规划颁发

规划颁发时，要一并提出规划执行的指标、进度和责任要求，按照"言必信，行必果"的要求，跟踪规划的执行情况。

（二）规划的主要内容

1. 回顾总结

回顾总结本单位档案信息化的进程、现状，取得的基本经验或主要体会，以及存在的主要问题。对于尚未建立档案管理信息系统的单位，可以总结本单位档案工作的现状，以及为档案信息化创造的基础工作条件，如档案制度化、标准化建设，档案资源建设，档案人才队伍培养等。

2. 目标定位

目标是对档案信息化建设预期前景和效果的描述。目标可以分总体目标和具体目标两部分。目标定位要掌握"五个度"：高度，即体现高起点、高标准、高水平；宽度，即做到档案业务工作的全覆盖；深度，即要致力解决发展中遇到的热点和难点问题；亮度，即要有创新点和闪光点；温度，即要满怀热情地贴近时代、社会、生活、百姓。总目标的实施周期应尽量与本单位发展规划相吻合，一般为五年。

3. 任务部署

任务是对目标的细化。目标一般比较概括和宏观，任务要尽量具体和微观。任务一般按档案信息化的要素细分，包括基础设施建设、信息资源建设、应用系统建设和保障体系建设等。任务部署要尽量做到定时、定量，如纸质档案数字化工作每年要达到多少页、占馆（室）藏总量的百分比是多少等。

4. 措施落实

措施是指实施档案信息化的必要条件，一般包括人员观念的改变、档案基础工作的跟进、技术平台的建设、信息安全的落实、资金持续投入和人才队伍培养等。其中，档案基础工作部分要特别强调"兵马未到，粮草先行"，即提前重点做好电子文件归档、纸质档案数字化的工作。

二、档案信息化组织

制定科学的规划是档案信息化的起点和前提，使信息化建设者在目标、任务、措施等方面达成了共识、统一了步骤。接着需要通过强有力的组织，即通过指挥、协调、监督、指导、服务等管理方式和行政手段，确保规划的贯彻落实。执行力不足会使一个好的规划流于形式，创新规划的执行体系和执行手段是提高规划的权威性和约束力的关键举措。

（一）思想观念更新

档案信息化是新时期档案工作顺应潮流、抓住机遇、加快发展的重大战略。规划是战略实施的顶层设计，是长远性、全局性的谋划，是避免战略实施随意性和盲目性的有效举措。只有充分认识规划实施的重要意义，才能增强实施规划的责任心和自觉性。认识实施规划要有新思路、新对策。要改变过去重规划，轻实施；重技术，轻管理；重平台建设，轻资源建设；重档案科研，轻成果应用等片面、落后的观念。以崇尚科技、重视改革、锐意进取、尊重人才、创新务实、真抓实干的新思路、新对策，来破解规划实施中的难题，化解来自各方面的阻力，推进规划的顺利实施。

（二）组织体系创新

档案信息化应当是"一把手工程"，只有由机构的主要领导分管档案信息化工作，并建立集规划、执行于一体的档案信息化主管部门，才能及时、高效地协调处理档案信息化建设中遇到的复杂关系，避免因多头管理造成政出多门、相互推诿的现象。

档案信息系统的建设和运行涉及与外界系统的互联。其前端与办公自动化互联，确保对归档电子文件的前端控制。其后端与本单位各种业务系统互联，确保为社会或本单位行政业务系统提供档案信息服务。单靠档案部门难以处理与档案外部系统的关系，必须由本单位主要领导牵头挂帅，才能做好跨部门的组织协调工作。为此，各单位分管档案工作的领导应当同时分管档案信息化工作，负责实施档案信息化规划的各项组织工作，负责将规划实施列入本单位信息化发展规划和年度计划，使这项工作在机构、岗位设置、人员、经费投入等方面得到满足，保障规划的实施。

（三）管控措施到位

档案行政管理部门要对规划的实施采取有力的管控举措：

1. 要保持规划的权威性和严肃性

对已经列入规划的每项任务都要言必信，行必果，对规划后未执行的任务要追究原因和责任；按照规划制定有关项目的实施方案，规定具体的实施内容、进度、要求，一抓到底，直至见效；将规划实施的组织、协调、监督和指导纳入档案工作的法规、制度、标准和规范系统中去，纳入行政部门工作的职责和考核办法中去，通过档案法治和行政手段，防止发生档案信息化不作为或乱作为现象。

2. 要夯实档案信息化的各项基础工作

档案信息化建设的重点是档案信息资源建设。为此，要围绕档案信息资源管理的目标和任务，扎扎实实地做好传统文件和电子文件的积累、归档，以及归档后的档案鉴定、分类、组卷、著录、编目、数据录入、档案扫描、档案保管与档案划控等基础工作，利用数据库技术，建立起大规模、高质量的档案信息资源总库，为档案信息系统运行提供优质的信息资源。

3. 要确保规划实施的各项投入

切实按照规划要求落实软硬件网络平台、应用系统、数据资源、人才队伍和保障体系等各项建设任务。对建设项目的完成情况和实用效果进行科学的后评估，将后评估的绩效列入档案信息化建设单位业绩考核的指标。在投入资金的时候，要注意以下几个方面：重视硬件，但是不能忽视软件；无论是技术性还是管理性都不能轻视；不能只进行一次性资金投入，忽视了持续性的计划。资金的投入要合理，尤其是注意资金投入的结构和比例等各项内容分配。

（四）科研教育跟进

鉴于档案信息化具有知识密集和技术密集的特点，档案科研和教育已成为档案信息化的两个重要支柱。为了更好地发挥科研工作对档案信息化的引领作用，要加强对档案信息化项目的选题指导、立项审查、实施跟踪和结题评审等环节的全过程管理。对不可行的项目在立项阶段予以否定。对科研项目的结题评审要严格把关。对重点科研项目要组织各方力量联合攻关，特别要加强档案局（馆）、高校档案学专业和信息技术开发公司之间的联合，从档案专业和计算机技术的紧密结合上提高科研成果的质量。要加大档案信息化科研成果的推广力度，充分发挥理论成果对实践的指导和引领作用。要采取有效的行政手段和考核措施，大力推广集成化、通用化的数字档案室和数字档案馆应用系统，彻底改变过去各自为政、重复建设、自成体系、难以互联的粗放型发展模式。

第二节　标准规范保障体系

数字档案的载体、信息和生存环境的不稳定，使数字化档案信息的真实、完整、有效和安全性面临严峻的挑战，管理问题相当复杂。为此，特别需要靠标准体系来规范管理者的行为，使档案处于被可控的状态，可以保护档案，无论是进行采集、加工还是鉴定等，每一个环节都是可控的，更有利于档案实现标准化、规范化的管理。

只有制订一定的标准，才能够使秩序可以保持最佳的状态，形成一种公认、规范的文件，在各种活动中对问题进行有效、有规则的处理。

进入21世纪以来，我国有一批档案信息化的国家标准、行业标准和地方标准相继出台，但是，从总体讲，配套性和系统性还不够，与信息化发展的要求相比显得比较滞后。进一步完善档案信息化标准规范体系，是当前档案信息化面临的迫切任务。

一、标准规范建设的原则

我国档案信息化标准规范要符合中国国情，符合国家信息化工作的基本方针，兼顾与相关国际标准和发达国家档案信息化标准的衔接，要遵循以下原则：

（一）适度超前原则

档案信息化标准是对档案信息化建设过程中出现的各种重复性事物和概念所做的统一规定，标准的对象在档案信息化建设中是随着时间的变化、技术的更新而不断变化的。因此，在档案信息化标准规范建设过程中，要考虑信息时代和网络环境的变化，要有前瞻性和预见性，能在一定程度上预测社会和技术的发展方向，把握时机，适度超前。如果在制订标准的时候没有对时机进行正确的把握，导致标准出现滞后，那么就会出现和既定事实不符的现象，造成误导，浪费人力、物力；如果在制订标准的时候没有对时机进行正确的把握，导致标准的超前性过度，那么就会导致一系列的问题出现，因为没有相关的实践基础，导致所制订的标准和主题之间出现偏离的现象。所以，必须要有恰当的标准，合理、规范地进行建设，根据经验，结合实际，进行档案标准化的工作。

（二）坚持开放原则

现在是一个开放的社会，这种开放程度会越来越高，各个行业之间非常容易出现融合。所以，保持开放性，对于规范建设档案信息化标准来说是非常重要的一项原则。

1. 要采纳各种开放标准

开放标准要求对一些公开的机制和文件进行了解，明确其标准是否可以进行公共获取，可以使标准化的水平得以保持，还可以尽量减少重复性工作。开放标准是档案规范建设可以优先考虑的一项标准。

2. 要采纳各种国际标准

国际标准顾名思义就是国际公认的一些规范化标准，这种标准经过了各国专家的研究，包含大量的科技成果与相关的经验。在进行档案信息化的过程中，很多国家都参与了这项工作，但各个国家的建设水平有所差异，所以需要向一些拥有先进档案信息化经验的国家学习，学习它们的长处，将这些长处运用到我国的档案信息化建设中来，提高我国的标准，促进我国档案信息化建设不断进步，追上国际的脚步。

3. 要参照相关专业的信息化标准

很多与档案工作相关的工作都可以对档案的信息化建设起到一定的帮助作用，所以，我们可以将博物馆、图书馆等相关方面的成功工作经验拿来用于档案工作中，促进我国档案工作发展和进步。

4. 要考虑与相关标准的兼容性

在制定本单位、本行业标准规范时，要注意处理好与国际、国内信息界相关标准规范的兼容关系，还要注意与其他相关领域，如电子政务、数字图书馆建设之间的兼容关系，特别要处理好与国际、国家、行业、区域有关标准规范之间的兼容关系，以便在档案信息系统建设后能与其他相关系统顺利衔接，资源共享。

（三）动态管理原则

档案标准化过程并非一蹴而就，需要在实践中不断补充、提高、扩展。动态性是指要根据档案信息化建设的实践发展，对标准不断进行修订、充实和完善。档案信息化建设是一个长期的过程，在这个过程中，标准规范的对象会随着时间的变化而不断发生变化。特定的标准是根据特定的时间、特定的环境、特定的对象制定的，虽然要求标准制定者在制定标准时充分考虑未来的变化，但是，预测与实际变化会有偏差。因此，在标准制定完毕后，要根据实施情况及规范对象的变化及时进行修订。由于信息技术发展迅猛，因此，对于档案信息化方面的标准，实施后3~5年就要进行审视。对于不适应实际的标准，要及时废止。标准规范的制定或修订，既要针对档案信息化出现的新情况和新问题，又要尽量继承以前标准规范的条款，保持标准的稳定性，避免大起大落，以免使实践工作无所适从，陷于被动。

二、标准规范建设的主要内容

业务、技术和管理等各个方面都可以促进档案规范建设，下面将具体对这些方面内容进行阐述：

（一）管理性标准规范

在对电子档案进行规范化建设的过程中，需要通过管理性标准来对其进行维护，使我国的档案工作得以顺利进行，这一管理规范需要国家进行统一制订，保证档案的资源可以得到共享。

档案的管理性标准共有两个方面的内容，分别是人和物的管理性规范。一是对人，主要是对相关的工作人员和用户进行管理，明确档案工作人员的职责和任务，以及用户的权利和义务，以保证档案信息化建设各项工作的正常开展。二是对物的管理性标准，主要是指对数字档案信息资源实体的全过程规范化管理，以及对信息化设备，如机房、硬件、软件存储载体的规范化管理，主要规范这些资源可以给谁用、如何使用和如何保管的问题。

（二）业务性标准规范

在档案规范化和标准化的过程中，统一业务操作的规范非常重要，业务性操作规范包含了很多方面的内容，在采集档案信息的时候有一定的标准，在对信息进行储存和利用的时候也有相应的规范来进行约束，甚至对电子档案使用什么样的术语也有一定的标准，如《电子档案管理基本术语》（DA/T58-2014）。

国家现已颁布的标准《CAD电子文件光盘存储、归档与档案管理要求》（GB/T17678.1-1999）、《电子文件归档与管理规范》（GB/T18894-2002），是电子文件收集、归档、整理、保管与利用的统一规范；《电子公文归档管理暂行办法》（国家档案局令第6号）、《电子档案移交与接收办法》和《公务电子邮件归档与管理规则》（DA/T32-2005）是对电子公文、电子档案、公务电子邮件归档、管理及安全有效利用的规范。

目前，国家档案局正在组织力量制定《档案数字资源加工规范》《电子文件档案著录规则》《电子文件保管期限表》《电子文件鉴定标准》等。这些标准的制定，除了参照国家关于纸质档案的有关规定外，还参考了国际档案理事会和其他国家或机构制定的相关标准，如国际档案理事会电子文件委员会制定的《电子文件管理指南》，美国国家档案与文件管理署（NARA）发布的《电子文件管理规范》《国家战略：制定与贯彻联邦政府电子文件的产生、传输、存储与长期保存的标准》，美国明尼苏达州档案馆制定的《政府电子文件鉴定指南》，澳大利亚政府颁布的《电子消息的管理政策与实施细则》《澳大利亚数字载体存取与保护的原则》《联邦政府网络文件管理准则》，新加坡国家档案馆制定的《政府电子文件的保管与处置》等。

（三）技术性标准规范

在对信息化的档案进行规范建设的过程中，对于技术性也提出了一定的标准和规范，通过对技术进行规范，可以解决一些因为没有采取恰当技术导致的问题，无论是保存数据的格式规范，还是数据进行传输的规范，以及压缩数据的规范、数字水印的规范等各个方面，技术标准都对其进行了相应的规定。

国家现已颁布的技术性标准规范有《纸质档案数字化技术规范》（DA/T31-2005）、《电子文件归档光盘技术要求和应用规范》（DA/T38-2008）、《文书类电子文件元数据方案》（DA/T46-2009）、《版式电子文件长期保存格式需求》（DA/T47-2009）、《基于XML的电子文件封装规范》（DA/T48-2009）等。

目前，国家档案局正在自主制定或联合相关部门制定的技术性标准规范有：《档案信息应用系统技术标准》《档案信息数据存储、压缩格式规范》《数据加密算法规范》《数字水印标准》《电子档案存储格式与载体规范》《照片档案数字化技术规范》《电子文件元数据标准》等。

（四）评价性标准规范

在对信息化的档案进行规范建设的过程中，需要对其最终取得的成果进行评价，这就需要有一个评价体系，使评价形成规范，评价的标准主要包括信息化的控制、组织、效益、人才开发，信息安全方面，档案信息的资源利用、系统研制等各个方面。其中，进行评价最主要的方面是开发、利用信息资源，这一项标准还可以进一步细化：数字化的信息如何得到利用，数字化档案的馆（室）藏数量到底是多少等。

三、标准规范的贯彻落实

标准一旦颁布生效就具有了严肃性和权威性。为了更好地落实档案信息化标准规范，要做好以下工作：一是档案信息化标准规范的宣传教育，通过举办专题培训班，或将有关标准内容纳入档案专业培训课程，宣传有关标准规范贯彻的意义、目的、内容和要求。二是采取行政手段，加强对档案信息化标准规范的宣传贯彻力度，做好常态化督促、检查和指导工作。三是将档案信息化标准规范的执行情况纳入信息化项目的评审、鉴定、验收程序和要求中，标准通不过，责令整改；整改通不过，项目不予通过验收。有了规范要做规矩。"做规矩"就是要对不达标的档案信息化建设项目敢于否定，对貌似违反规范的项目及时制止。从建设项目立项评估、可行性研究等前端开始，就给予强有力的标准指导和贯彻标准监管。四是档案信息化标准规范建设要与时俱进。档案行政管理部门要收集贯标工作的信息反馈，及时发现标准规范脱离实际的情况，以便在调研分析的基础上，对有关标准规范进行修订。五是档案信息化标准规范的修订要倾听行内有关领导、专家、业务骨干和计算机专业人员的意见，充分参考图书、情报、文博、电子商务和电子政务等相关标准，以便使标准规范做到向上、向下和横向兼容，确保其开放性、先进性和适用性。

第三节　信息安全保障体系

档案是国家的宝贵财富，是不可再生的重要信息资源，具有一定的保密性，因此，建立档案信息安全保障体系尤为重要。档案信息安全保障能力是一项非常重要的指标，可以对各项能力进行检验和测试。

档案要保持完整、真实，并且要可控、可利用，其保密性也要得到保证，通过安全保障体系来对档案安全进行动态保障，只有对各个方面的因素进行全面考虑，才能使档案可以保持安全的状态，无论是人员、数据，还是软件、硬件和其他因素，都会对档案的安全产生影响，所以，只有保障档案系统是开放的、多样的，才能使档案的安全得到保障。

保障档案安全是一项系统的工作，包含三个部分，下文面对这三个部分进行介绍。

一、安全法律法规体系

信息安全需要建立档案信息安全法律法规体系，做到有法可依。该法律法规分布于档案专业的内部和外部。内部有涉及安全问题的档案法律法规，外部有涵盖档案管理的信息安全法律法规。

（一）涉及安全问题的档案法律法规

我国档案安全可以得到保障的法律基石是《中华人民共和国档案法》。在这一法规的基础上，我国又制订了一系列相关的规章制度，使档案的安全保障可以有法可依，有相应的规范来对档案安全进行合法的保障。我国颁布的一些和档案安全相关的法律法规具体如下：2002年，国家档案局颁布《全国档案信息化建设实施纲要》；2013年组织制定了《档案信息系统安全等级保护定级工作指南》，以落实国家信息安全等级保护制度。很多地方和单位也颁发了档案信息安全保管方面的规章制度，如上海市档案局颁发的《上海市档案条例》《上海市档案信息化建设实施意见》中均有关于确保档案安全的条款。江苏省档案局颁发的《江苏省档案信息化建设保密管理办法》、黑龙江省档案局颁发的《黑龙江省档案信息化建设保密管理办法》等都专门针对档案信息化安全体系进行建设。

（二）涵盖档案管理的信息安全法律法规

目前，在档案信息化建设方面，我国尚不成熟，属于发展初期，相关的法律保障并不多。但是，已经颁布的这些法律法规，仍旧对我国的档案安全起到了保障作用，这些法律法规也应列入档案信息安全法律法规知晓和执行的范畴，对制定和完善档案信息化的专门法律法规具有依据和参考价值。

20世纪90年代初，我国已经开始从法律层面对信息安全进行建设，1997年已经将信息安全加入了刑法的领域。《刑法》第二百八十五条规定："违反国家规定，侵入国家事务、国防建设、尖端科学技术领域的计算机信息系统的，处三年以下有期徒刑或者拘役"。第二百八十六条规定："违反国家规定，对计算机信息系统功能进行删除、修改、增加、干扰，造成计算机信息系统不能正常进行，后果严重的，处五年以下有期徒刑或者拘役；后果特别严重的，处五年以上有期徒刑。违反国家规定，对计算机信息系统中存储、处理或者传输的数据和应用程序进行删除、修改、增加的操作，后果严重的，依照前款的规定处罚。故意制作、传播计算机病毒等破坏性程序，影响计算机系统正常运行，后果严重的，依照第一款的规定处罚"。第二百八十七条规定："利用计算机实施金融诈骗、盗窃、贪污、挪用公款、窃取国家秘密或者其他犯罪的，依照本法有关规定定罪处罚"。2009年刑法的修正案中又增加了一些内容，对网络"黑客"进行了相关的规定，《中华人民共和国刑法修正案（七）》第二百八十五条新增："违反国家规定，侵入前款规定以外的计算机信息系统或者采用其他技术手段，获取该计算机信息系统中存储、处理或者传输的数据，或者对该计算机信息系统实施非法控制，情节严重的，处三年以下有期徒刑或者拘役，并处或者单处罚金；情节特别严重的，处三年以上七年以下有期徒刑，并处罚金。""提供专门用于侵入、非法控制计算机信息系统的程序、工具，或者明知他人实施侵入、非法控制计算机信息系统的违法犯罪行为而为其提供程序、工具，情节严重的，依照前款的规定处罚"。从法律的层面对信息安全进行保护，从而形成一定的威慑力，对于减少计算机犯罪起到了相当重要的作用。

我国不仅在法律层面对信息安全进行了一系列的规定，在行政规章、行政法规方面，也进行了一系列的规定，相关的规范已经陆续出台。1994年2月，国务院颁布《中华人民共和国计算机信息系统安全保护条例》，使这一法规成为一项对于信息安全有指导作用的条例；1996年2月，国务院颁布《中华人民共和国计算机信息网络国际联网管理暂行规定》，对我国的信息安全保障进行行政法规层面的完善；2006年5月国务院又颁布了《信息网络传播保护条例》。之后，国务院对信息安全的保障提出了一些具体要求。1998年2月，工业和信息化部，根据国务院提出的相关要求制订了《中华人民共和国计算机信息网络国际联网管理暂行规定实施办法》，并且于2009年12月颁布了《通信网络安全防护管理办法》，对信息安全保障的行政法规进行了进一步完善；1996年1月，国家公安部颁布了《公安部关于对与国际联网的计算机信息系统进行备案工作的通知》，从安全监控、网络安全等角度对法规进行了完善，1997年4月《计算机信息系统安全专用产品分类原则》得以颁布，进一步加强了对信息安全的保障；同年12月，《计算机信息系统安全专用产品检测和销售许可证管理办法》《计算机信息网络国际联网安全保护管理办法》相继出台，对信息安全进行了加强。

通过上述的列举，我们可以知道国家为了保障信息安全煞费苦心，从法律法规层面对信息安全进行了保障，还对这些法律法规进行不断的完善，利用各项制度保障信息安全。这些制度主要包括国际接口专线、联网备案、安全报告、安全等级等各方面的相关制度，通过对各方面制度进行规范，保障我国的信息安全可以得到标准化发展。

如今，为了对信息安全进行相应的保障，我国的很多行业都将规章制度建立了起来，这些新建立的规章都是根据实际情况进行制订的，符合各个行业实际的发展情况。1998年8月，《金融机构计算机信息系统安全保护工作暂行规定》得以颁布，这项制度是由中国人民银行联合公安部颁布的，这一制度的颁布使金融机构的信息安全得到保障，促使我国金融系统的安全性得到发展与完善。而后中国人民银行又发布了一项制度规范——《网上银行系统信息安全通用规范》，为金融行业提供了相关的制度，促进了金融行业信息安全。

通过以上一系列法律法规、规章制度的颁布，我们可以发现信息安全越来越重要，在档案界也是一样，使档案的信息安全在法律、制度等方面均得到了保障。通过对档案相关的违法案件进行审查，保障了档案的信息安全。档案的工作者，为了保障档案的安全性，更应该研究相关的技术，促进档案信息化的安全性发展，及时对档案安全保障的效果进行评估，当发现安全体系的漏洞时要及时进行纠正，不断完善档案安全，不断提高档案相关工作人员的档案安全意识，使档案管理工作者的作用得到充分发挥，健全制度，完善技术，为我国的档案信息化进行安全保障。

二、安全管理体系

要想保障档案信息的安全，就离不开相关的系统性保障。只有对档案安全性进行恰当的管理，使其充分发挥出自身的作用，才能为档案的安全提供相关的保障；只有对相应的风险进行分析，才能将相应的制度和策略建立起来，实现档案管理的目标，保障档案的信息安全。要通过相关的计划，分析档案的安全体系是否合理，明确档案工作者的管理职责，将相关的机构建立起来，使安全管理体系更加完善。因此，风险识别与风险评估是档案信息安全管理的基础，风险控制是安全管理的最终目的。

（一）档案信息安全系统管理模式

新的风险在不断出现，档案信息系统的安全需求也会随之不断变化，因此，安全管理应是动态的、不断改进的、持续发展的过程。档案信息安全管理模型可选择 PDCA 模式，即计划（Plan）、执行（Do）、检索（Check）和行动（Action）的持续改进模式。采用 PDCA 管理模式，每一次的安全管理活动循环都是在已有的安全管理策略指导下进行的，每次循环都会通过检查环节发现新的问题，采取行动予以改进，形成安全管理策略和活动的螺旋式提升。信息安全管理 PDCA 持续改进模式，把 PDCA 管理模式与安全要求、风险分析有机地结合在一起，考虑了信息安全中的非技术因素，加强了信息安全管理，具有广泛的适用性。

（二）档案信息安全系统管理的具体实施

在对档案进行管理的过程中，需要一个安全模式来对档案进行管理，这种安全管理是核心任务。在进行档案信息化的过程中，任何环节都离不开对安全的审查和管理，只有保障每个环节的安全，才能保障档案信息化整体的安全。一旦发现档案安全需要对目标进行修改时，一定要向上级及时汇报，根据领导的指示对档案安全进行相应的调整和整理。

1. 完善组织机构

如果档案部门有足够的条件，可以成立一个安全中心，对档案的信息安全进行管理，实现档案管理机构的完善。档案信息化的每一个环节都离不开安全管理，让安全中心对档案的安全情况进行专门的管理，这样可以对档案信息化的各个环节进行有效的安全监督，通过调查和分析，不断地对档案的安全管理计划进行调整。

2. 进行风险评估

通过研究发现，人为造成的计算机安全事件高达 60%，其中因为发生管理失误，导致计算机安全事件发生的比例达到了 70%。由此可见，进行科学、合理的风险评估，能够避免绝大多数风险的发生。

管理档案的部门必须要清楚现在到底什么样的潜在风险在影响着档案的信息安全，只有对风险进行科学有效的评估，才能知道到底存在什么样的威胁，制订相应的方案来解决问题。这种风险评估是安全管理得以进行的依据，只有在风险评估的基础上，才能更好地进行档案安全管理。

进行风险评估不是一件容易的事情，会花费大量的时间和人力，所以，在进行风险评估时，要遵守原则，才能使风险评估得以有效进行。

①风险评估要坚持灵活性和适应性相结合的原则,网络安全需求并不是一成不变的,只有不断更新,才能使风险评估有效。

②风险评估要坚持均衡分析,这一原则指的是对风险、成本、安全等进行相应的分析,投入最小的成本,达到最大的安全效果,满足档案的安全需求。

③风险评估要坚持整体性,才能将完整的方案制订出来,解决出现的风险问题。

④风险评估要坚持易操作性和可用性,操作才能更方便、快捷。

3. 制定安全策略

要想保障档案的安全,必须要有相应的策略。只有安全策略可行,才能解决档案管理中出现的问题,档案的安全策略要和相应的法律法规配套,要不断进行完善,最终形成一个体系,为档案的信息安全提供保障。

安全策略的制订要根据实际情况来进行,如果理论化程度过高,那么相关的工作人员就很有可能不会对其进行重视;如果限制的因素过多,那么工作者可能会采取不理睬的态度。所以,安全策略必须要尽量符合现状,可操作性要强,不能改动过大,因为改动过大不易让人们接受。只有对安全策略进行不断地修整,才能最大限度地保障档案信息安全。

4. 开展数字档案信息安全管理培训

在对档案信息进行安全管理的过程中,非常有必要开展相关的培训,尤其是一些工作者在档案管理工作中位于关键岗位,只有对他们进行相关的安全培训,才能尽量避免因人为导致的安全问题,只有对他们进行多方面的训练,使他们可以从生理和心理等方面都得到提升,通过培训,提高他们的责任感,对技术掌握的更熟练,才能使档案安全得到进一步保障。不能只对这些工作者进行一次培训,这种培训应是长期、定期的。在面对新的风险时,要进行新的培训,才可以使安全策略的制订更加有效。

5. 贯彻执行管理决策

人必须严格的执行决策、制度等,在档案管理方面,虽然有很多因素都会影响档案的信息安全,但是"人"才是最根本的因素。档案管理需要有相关的机构进行配合,但是机构是由人组成的,人员的支持使信息安全体系的形成与完善有了前提保障;需要信息集成模块,形成各种完善的信息系统,但是,如果没有人员的支持与配合，就很难进行系统的组织；实施信息安全措施离不开顾问的指导，如果没有顾问指导，就会经历许多困难，尝试很多种错误的方法，甚至失败；信息系统之所以可以输出众多的信息，也是因为工作人员的存在，正是由于他们一直在收集信息，才使各种基础信息可以得到集成，最终形成系统。

6. 持续完善管理体系

对于待评价系统来说，只有规定明确的范围和目的，才能更好地分析系统整体和部分的关系、系统的成本和效益；评价系统有着不同的阶段，每一个阶段都有自己的特点和状态，所以，只有将所处的阶段确定下来，才能对系统的状态进行判定；对系统的阶段进行确定后，就可以采取该阶段对应的评价标准和方法；之后，就可以等待评价结果了，当然还必须要对相关的数据和资料进行搜集和整理，以书面的形式来对结果进行展现。之所以会对评价体系如此重视，是因为这与档案的安全息息相关，不断完善评价结果有利于满足，用户和其他各方的需求。

现在，我国已经颁布了一系列的标准来对管理体系进行规范，无论是组织结构，还是环境控制；无论是管理的相关措施和手段，还是管理体系的操作步骤，都在颁布的标准前提下得到了规范化的指导，使我国的档案安全得到保障。

三、安全技术体系

要想保证档案信息的安全，就需要关注安全技术方面，只有高水平的安全技术，才能够在档案安全方面得到保障。下面介绍六种安全技术。

（一）信息加密技术

为了保障信息安全，加密是一种常用的方法和手段，还是最经济的，如果想要采取其他信息安全防护手段，就必须要有加密的技术作为基础。通过信息加密，可以尽量避免传输信息时出现信息泄露。

加密算法是多种多样的，已经达到了数百种，甚至更多，档案信息化使大部分的文件都能以电子文件的方式得到储存。要对电子文件进行加密，通常要遵循以下步骤。在对文件进行传输前需要用相应的软件对数码序列进行处理，处理的方式是通过运算进行加密的，使数码序列变成一串串"乱码"，这些"乱码"称为密文。如果要对"乱码"进行还原，就可以通过解密运算来进行，使数码序列从"乱码"变为可以识读的明文。值得注意的是，无论是加密还是解密，其运算都需要由密钥来进行控制，这是一项非常关键的数据。除了授权者，没有人知道密钥的相关信息，这样就有效防止了非法人员入侵文件，起到很好的保护作用。加密文件和解密文件不一定采取同样的密钥，所以，根据这一特点，又可以对加密算法进行分类，主要有两种类别，分别是对称和非对称的两种加密解密法。

对称加密解密法必须要对密钥进行绝对保密，必须要将密钥保护好。在对称加密解密法中，无论是加密还是解密的密钥，它们都是相同的，这就意味着只要知道任何一个密码，都可以通过推算，得出另一个密码。但是，这也就面临着一个新的问题，怎样才能保证密钥可以安全地发送给双方，在传递中很容易造成密钥泄漏。而且，如果某涉密文件分发的单位多，那么密钥的安全控制会有很大的难度。这种方法在对涉密文件进行静态管理时比较有效，如自己撰写的保密文件给自己使用，防止被人偷看。目前，Word 和 Excel 文件的加密就是采用对称加密解密法。如果涉密文件需要传输，特别在大范围传播时，就需要用下面的方法。

在非对称（又称为双钥）加密解密法中，加密方和解密方使用的密钥是不相同的，密件经办人需预先准备两把钥匙，一把公钥，一把私钥。当发送密文时，发送者使用收文者的公钥，将文件加密后发给收文者。收文者在收到密文后，用自己的私钥解密文件。因为只有拥有该私钥的收文者才能解密这份文件，所以文件的传递过程是安全的。

（二）信息确认技术

纸质文件通常会通过签名、指纹和签印等方式来保证文件是最原始的那一份，通过固化责任者特征的方式来使文件的真实性可以得到保证，这种经过签署的文件都是得到法律认可的，法律会对其有效性进行保障。但是，对于电子文件来说，这种签名或者签印的方式并不合适，因为，电子文件和纸质文件的区别就在于它没有固定的载体，它是虚拟的，具有很强的可流动性，所以，只有通过信息确认技术，才能对电子文件的真实性进行保障。

通过信息确认技术，电子文件可以被防止假冒或者篡改，使其难以被非法伪造，保障了其真实性。不仅如此，文件的发出者、接收者等人的身份都会通过这项技术得到合法性确认。在进行信息确认的过程中，一份完善且有效的方案是非常重要的，它可以对以下四个目标进行实现：

①文件的发出者可以证实是由其本人发出的文件。

②只有合法的文件的发出者，才能对文件进行处理和发送，其他任何人都做不到对文件进行伪造。

③文件的真实性是可以被证实的，对于合法接收者来说，这是相当重要的一点。

④如果文件相关的双方或者是其他相关方产生矛盾，出现冲突，那么文件可以作为依据，对争执进行仲裁。

一份完整有效的方案可以实现上述这些目标，但是，必须依靠一定的技术手段，只有通过对技术的综合利用，才能使这一系列目标都可以得到实现。

1. 数字摘要技术

数字摘要技术是指通过某种算法使摘要可以得出相应的结果，这一操作主要是由文件发出者进行的，如果发出者对文件的任何内容进行了更改，最终得出的摘要将发生非常大的变化，这种变化是任何人都预料不到的。所以，这就要求发送者和接收者必须要对算法进行约定，只有用同样的算法，通过判断双方的摘要是否相同，才能判断文件在发送途中是不是被篡改了。但是，这种手段并不是万无一失的，这是因为摘要的安全性保障就是一个非常难以解决的问题，如果摘要函数被多次利用，那么第三方就相对比较容易窃取函数。

2. 数字签名技术

纸质文件需要签名来保障真实性，随着技术的发展，数字签名也越来越成熟，我国颁布了一部法律，这部法律就是《电子签名法》，这就意味着法律开始对数字签名进行保障。数字签名就是在电子文件中，签名人的相关信息通过数据的形式得以保存，通过数字签名可以确认签名人是认可电子文件当中的内容的。数字签名是可以对签名人的身份进行识别的，这其中涉及一个概念就是数字电文。数字电文表示的是一种信息，这种信息通过磁、电子等形式来生成、储存和发送。

前文提到了对称和非对称加密解密技术，数字签名是非对称的技术，属于加密的范畴。首先，确定需要发送的数据电文，签名者对签名软件进行利用，通过一定的运算使报文摘要可以形成；其次，加密摘要，主要是指通过签名者对私钥进行使用，通过签名软件来完成的，并且认证证书、报文摘要等都需要一起传送给接收者。以上是发送者需要进行的几步工作，接收者同样也需要对文件进行处理，首先是对接收的文件加以运算，使报文摘要可以形成，之后就要对报文摘要进行解密处理，解密的方法主要是采用签名者公钥，解密后的报文摘要要与通过运算形成的摘要进行对比，如果二者是一致的，那么就证明，数字签名没有问题，核实成功。对于认证证书，接收者还要验证其真伪，只有公认的、值得信任的机构才能对相应的证书进行颁发，接收者才能对其进行认可。通过数字签名核实这一步，接收者可以很明显地意识到文件是真实的，文件内容是真实的、原始的，可以保证文件没有被篡改，并且确认了签名者是信息的来源。

只有第三方权威机构才能制作相应的私钥、公钥等制作数字签名的工具，签名者没有权利对这些工具进行制作，就算是制作了，也不会得到认可，只有在有相关证书保障的基础上，才能对文件的真实性进行确认，我们可以将这种数据和证书看作是人的身份证，不仅对身份可以进行确认，对文件真实性进行保障，还可以防止任何一方进行抵赖，同时还能保护电子文件。

3. 数字水印技术

在印刷品上，都会用水印来对其真实性进行保障，在现在的大数据时代，数字水印具有同样的功能。数字水印可以提供一个专门的印记，这个印记会存在于音频、文本等各种形式的电子文件中，是难以抹掉的，无论电子文件发生怎样的变化，数据水印都不会消失或者被损坏。这种数据水印的先进之处就在于，其通常不会出现在各种文件表面对用户的阅读和使用造成影响，只有用特殊的技术，才能发现这种水印的存在。如果有人要对水印进行消除或破坏，那么文件中的数据不可能安然无恙。

通过对以上三种信息技术进行分析，其实质是通过加密算法使签署信息和文件中的内容形成统一的整体，二者不可分开，如果签署信息发生变化，那么文件内容随之变化。接收者可以通过以上三种信息确认技术，对文件的真实性进行确认，如果发现文件的原始性遭到破坏，那么接收者可以判定文件被非法的第三方进行了篡改。

（三）访问控制技术

在对信息安全进行保障的过程中，可以通过对访问进行控制，防范文件被破坏。通过对访问控制技术进行研究，发现特点如下：技术种类多种多样，这些技术手段彼此之间呈现出交叉状态。

1. 防火墙

防火墙是指一种屏障，对文件起到了保护作用，其主要功能是对外部网络进行隔绝，避免文件被破坏，形成对内部网络的保护。防火墙主要有两类，是内部和外部。内部防火墙是对访问的权利进行控制，利用局域网对内部网络进行划分，对越权访问进行严格控制；外部防火墙是对网络进行划分，是将内部网络保护起来，避免各种非法访客，保护内部网络信息。

在对防火墙进行选择时，需要对防火墙有个大概的了解。

①管理防火墙，要知道其具有哪些优点、长处和存在哪些局限。

②要想更好地对我国的信息安全进行保护，国内的防火墙是应该重点考虑的，因为比起国外的防火墙，国内的防火墙的可信赖程度更高。

③防火墙虽然可以对外部网络进行隔离，但是对内部的管理是不能忽略。可以通过对防火墙进行再设置，对内部的网络进行管理。这种内部防火墙的设置会使系统运行的效率大大降低。

④防火墙的选择必须要慎重，作为保障信息安全的产品，只有国家对其进行相关的认证，才能对其使用。

⑤防火墙是用来保障信息安全的，虽然重视信息传播的效率，但是，如果一定在二者做出选择的话，要更重视安全这一性能。

⑥防火墙的选择要考虑文件系统的类型，如果管理系统是大型的，对信息安全保障水平提出了较高的要求，就可以选择复合型的；如果管理系统属于中型或小型，信息系统内外交换量不大，就可以选择代理服务型。

2. 身份验证

如果用户要想登录系统，可以采取身份验证，可以有效避免非授权用户对系统中的资源进行获取。验证的目的是为了确认登录者的身份，确认登录者是否有权限进行相关操作。无论是指纹等特征验证，还是实物验证，或者是通过口令等进行的信息验证，都可以对来访者的身份进行确认。但是，这些方式的安全系数是有所区别的，其中安全系数最低的就是口令验证，因为这种信息泄漏的可能性相对来说要大一些，其他两种方式比起所知信息验证要可靠些。采集指纹、语音特征等验证方式需要特定设备，这种设备的价值通常不菲，需要付出很高的成本才可以，所以，智能卡的验证成为一种比较普遍的方式。如果有条件的话，资金等各方面的条件都比较齐备，那么验证方式可以选择结合以上提到的三种手段，使身份验证更加安全。

（四）病毒防治技术

虽然我们可以采取一系列的手段来对文件系统进行安全管理，但是病毒是不可避免的，很多的系统都会受到病毒的攻击，所以病毒的防治需要预防病毒攻击，感染病毒后，对病毒进行清除。

杀毒和防毒需要关注以下问题：

①为了对非法用户进行控制，应充分进行安全管理，对资源进行保护。

②防毒杀毒需要从两个方面进行，客户机和服务器，都有受病毒攻击的可能，需要进行预防和治理。

③病毒不是一成不变的，也在不断变异，只有将杀毒软件进行不断升级，才能对变异的病毒进行相应的处理。档案工作者应对这一部分内容重点关注，及时对杀毒软件进行更新，完善杀毒软件，使用最新的杀毒软件。

在对病毒进行预防和治理过程中，要注重技术方面和管理层面，只有两个角度双管齐下，才能更好地进行病毒防治，建立完善的体系，对病毒进行综合治理。

（五）审计技术

审计技术是对电子文件运行的全过程进行记录，对系统非法使用相关的行为进行压制。记录全过程后，相应的日志会形成，对系统的运行进行相应的记录，使程序、数据等各种相关事件全部包含在日志内，形成基础依据，用来认证文件的真实性，对系统的状况进行把握，了解系统中是否出现了故障，对恶意事件进行排查，对系统中的资源利用进行优化。

（六）防写技术

防写技术是防止内容被修改的一项技术，这项技术使用在电子文件，可以使文件内容处于静态。通常用"只读"状态对电子文件内容进行管理，只能对文件的信息进行读取，除了有权限的用户，没有人可以对内容进行修改。对文件采取不可逆式的储存，使文件内容难以更改，保护了文件安全。

第四节 人才队伍保障体系

如今，无论是哪个行业都十分重视人才，档案行业也一样，尤其是在大数据时代，档案要想成功进行信息化存储，就需要掌握技术的人才，只有人才才能搞好档案的信息化管理，使信息化建设不断取得进步。要求人才要适应时代潮流，不断学习和发展，为我国的档案信息化做出贡献。

一、人才队伍的素养要求

（一）创新思想观念

思想观念不断创新，能力上才能不断取得进步，所以，人才需要不断更新思维观念，具体包括以下七种：

1. 开拓思维

开拓思维要求具有开拓意识，敢于向旧的思维和传统发起挑战，勇于拼搏，敢于革新和发展，向着崇高的理想不断进发。

2. 战略思维

要想保持长期性的发展，必须进行战略布局，只有制订长远规划，才能在未来的发展中立于不败之地。信息化是发展趋势，要将其与经济、文化等各方面结合起来，才能不断推进档案工作发展，通过"顶层设计"，科学地进行每一步计划，促进档案信息化精细发展。

3. 策略思维

档案信息化的发展与建设需要在相关策略的指导下进行，才能补足薄弱环节，整合资源，从外部和内部，都要对信息进行合理的处理，使档案资源得到有效的利用和发展。

4. 人本思维

档案在进行信息化建设的过程中，要做到以人为本，档案工作在不断发展，用户的需求在不断发生变化，只有满足用户的需求，才能使档案资源的价值得到充分的发挥。一个界面简洁、操作方便的档案系统是受用户欢迎的。

5. 开放思维

档案信息要利用网络对各种资源进行充分利用，获取更多的资源，开放发展，不断促进档案网络化，提高档案资源的影响力，用开放的思维促进档案信息化建设。

6. 忧患思维

档案的信息化使档案的存储和利用都更加便捷，但电子档案有一些缺点，档案的数字化有虚拟化特征，容易出现失效、失真，数字化档案一旦出现问题，有可能全盘毁灭，这就需要我们用人力预防档案出现数字化灾难，不断发展技术，用技术来防止数字化灾难的出现。

7. 辩证思维

在对档案进行信息化处理的过程中，遇到很多问题都呈现出对立统一的特征，需要用辩证的思维思考问题，用辩证的方法对待问题。

（二）重构知识结构

按照档案信息化的需要，现代档案工作者的知识结构需要做以下补充：

1. 信息鉴定知识

如今，我们拥有海量的档案信息，这些档案信息属于不同的类型，拥有多样的价值。为了更好地储存和利用档案资源，需要对档案信息进行鉴定，确定其价值和类别，抓住档案最有价值的信息。

2. 科学决策知识

只有科学地规划，才能使档案信息化发展得更好，档案工作者，必须要有大局意识，遇到问题拥有科学决策的能力，才能使信息化尽量减少损失。

3. 宏观管理知识

档案信息化需要行政工作的配合，只有把握档案工作的相关法律法规和制度，对档案信息化工作进行宏观指挥，才能直接提供动力，促进档案信息化建设。

4. 需求分析知识

档案信息系统建设以用户为中心，以需求为导向。为此，档案管理的工作人员要对用户的需求进行分析，分析他们当前和未来的需求，更好地为用户服务。

（三）提升操作技术

1. 信息输入技术

档案信息化人才需要具备信息输入的能力，无论是进行键盘输入，还是进行图像、文字识别和导入数据等，都能够得心应手，才能为档案信息化建设的发展做出自己的贡献。

2. 信息加工技术

信息加工技术是指可以利用相关的工具对信息进行加工处理，利用工具对档案的信息进行检索，根据档案的内容对档案进行分类处理，采集档案相关数据，对档案的格式进行完善。

3. 信息保护技术

人才要掌握信息保护技术就是能够熟练运用数字签名、数据加密等手段来对档案的信息进行保护，使档案的真实性不会遭到破坏，保持档案的有效和完整。

4. 信息处理技术

人才要掌握信息处理技术就是要对档案的信息进行相关的处理，无论是文本、图像、音频、视频等，都可以运用相关的方法对其进行处理和完善，使档案信息可以更方便、更安全地得到利用。

（四）优化队伍结构

档案信息化建设的人才队伍至少需要以下四种类型的专业人才，特别需要兼备两种以上特质的跨界复合型人才。

1. 研究型人才

档案信息化需要科学的理论指导，没有理论指导的实践是盲目的实践，没有实践来进行验证的理论是没有灵魂的理论。研究型人才负责探索理论和实践，形成导向作用。我们将对研究型人才的具体职责进行详细介绍。研究先进软件，能够对档案信息进行更好的管理；对档案信息建设的相关理论进行深入研究；研究相关规范，提出相关标准，能够对电子档案进行更完善的管理；研究如何更合理、更科学地保管档案，对其远程使用进行探索；对新出现的技术、设备等进行研究，探索其是否能够应用于档案信息管理中；对档案信息化的相关科研工作进行参与，能够对档案科研工作进行主持；从理论和实践的结合上指导档案信息化工作的开展；培养档案信息化建设人才。目前，档案信息化研究者主要由档案信息化工作者和高校师生构成，他们有各自的优势，却又各自存在理论与实践方面的不足。最好是两方面研究者进行强强联合、优势互补，促进理论与实践的紧密结合和良性互动。

2. 管理型人才

档案信息化是复杂的系统工程，需要实行严格的目标管理和精细的过程控制。管理型人才的主要责任是：掌握国内外档案信息化建设的现状、经验教训、发展趋势；制定切实可行的档案信息化战略规划和实施方案；制定相关的管理办法和标准；组织、指挥、督促、指导本地区及本单位的档案信息化工作；协调档案信息化建设和其他外部信息系统建设之间的关系；培养和使用档案信息化人才资源；有效筹集和合理使用信息化建设资金等。目前，各机构的档案信息化管理职能多数由档案管理人员担任，他们具有传统档案管理的理论知识和实践经验，但缺乏信息化知识和技能，又因公务繁忙，缺乏接受信息技术继续教育的机会，造成档案信息化管理上的缺位或错位。亟待通过各种途径，提高现有档案行政干部的信息化素养。

3. 操作型人才

档案信息化涉及的环节多、操作性强，需要一大批既懂档案管理业务，又熟悉计算机操作技能的复合型人才。这类人才的主要责任是：应用计算机网络技术，从事档案数据积累、归档、组卷（组件）、分类、编目、扫描、保管、鉴定、检索、数据备份等工作，他们的工作重复、枯燥、易因疲劳、烦躁出差错。他们的工作责任心和操作能力，直接关系档案信息资源的安全、质量和价值。对他们的素质要求是具备强烈的信息安全意识、高度的工作责任心和熟练的操作技能，如，纸质档案扫描，只要求掌握规范的操作流程方法和图像处理技术。操作型人才的培养需要短期培训，在实践中锻炼成才。

二、人才队伍建设的策略

（一）预测与规划

人才的引进与培养不能一蹴而就，特别是从档案队伍中培养信息化人才需要较长的时间。为此，各单位要按照本单位、本行业档案信息化长远规划和可行条件，分析人才总量、结构、分布和需求的差距，对人才需要进行前瞻性预测，对人才引进和培养方式进行决策、制定计划、纳入编制，有步骤地引进和培养人才。规划要综合考虑人才的知识、技能和类型结构。

（二）组织与管理

1. 加强人才队伍建设工作

人才是发展的动力，没有人才，一个行业很快就会衰弱。对于档案信息化建设来说，只有人才才能促进档案信息化发展。因此，建设档案人才队伍刻不容缓，应定期对人才队伍建设进行研讨和研究，解决人才配备、培养、使用中遇到的难题。

2. 加强人才资源的行政管理

人力资源管理人员要注重发现有潜质的人才，将他们安排在适当的岗位，使他们的能力得到充分发挥；为人才队伍建设提供保障，保证良好的工作条件，提供经费，加强培训；在档案信息化建设的过程中，有人做出了卓越的贡献，要对人才进行奖励，这样才能激发人的积极性；研究人才相关理论，学习外国先进经验，重视规律研究，加强人才培养。

3. 加强督促检查，狠抓落实

定期对档案信息化人才队伍建设情况进行调查研究、督促检查。建立一套符合人才成长规律的工作制度，为建设素质优良、结构合理、队伍稳定、技术精湛、经验丰富，有敬业精神的档案信息化人才队伍提供支持条件。

（三）培养与使用

1. 人才培养途径

（1）对现有档案人员的教育与培训

为了促进档案信息化建设，加强培训是一项非常重要的举措，对现有在职人员进行培训是必要的。

培训内容主要包括：新技术的运用、新设备的使用、基础知识、网络和数字化技术等，使档案工作人员掌握新时代的技术，更好地对档案进行管理。

人员培训采取的方式有多种多样，可以将多种方式结合起来，使培训取得实际效果。档案部门可以对档案工作人员进行自主培训,建立一个培训中心,定期开展培训,结合实际需求的变化进行新技术、新方法的培训。如果档案部门经费充足,可以将专门的研究机构建立起来,使高级人才能够得到培养,加快档案工作发展的脚步。培训工作的进行还可以由外界的相关部门来协助,如高校,可以在档案部门进行人员选拔,使其有机会到高校深造。进行培训前要有相应的规划,规划要保证科学、有效、合理,人才队伍建设才能够科学发展;要保证有一定的资金投入,如果没有经费规划成为空谈。档案人才的培养不是一个简单的过程,要让档案人才在学习知识的同时进行实践,不断进行总结提高能力。

(2)引进人才

档案信息化建设需要的信息技术、信息管理专业人才,很难在短时期内从档案工作者中培养。为了满足急用之需,需要从社会上引进信息技术人才。引进的人才要综合素质高,事业心和责任心强,信息技术能力强,团队协作意识强。为此,在引进人才时要严格审核,特别要考察其解决实际问题的能力,避免盲目引进。对引进的信息技术人才,要尽快使其掌握档案理论和业务知识。

(3)短期聘用人才

信息技术人才也分各种层次和专长,适用于档案信息化建设的各个阶段和岗位,如系统分析员适用于系统建设的前期阶段,该阶段结束后,就不需要系统分析员了。因此,档案信息化建设中涉及的一些高级技术人才和纯技术性工作的人才,可以用外包、合作或聘用的办法解决。档案信息化建设所需要的法律人才、外语人才、多媒体人才、数据库管理人才、系统维护人才,都可采用这种方式解决。

2. 人才培养方式

在档案信息化人才建设的过程中,应该采取多种方式对人才进行培养。高校是人才培养的重要途径,高校凝聚了充足的师资,教学设施相对比较完善,是我国档案人才培养的骨干和主体。目前,全国有档案学专业的高等院校35所,设立档案学专业硕士高校28所,每年培养档案学专业人才千余名。这些院校现有的教学规模不能满足档案信息化人才发展的需要,单纯的学历教育也难以满足档案信息化实践的需要。因此,必须通过继续教育、岗位培训、专题短训等方式,对具有档案专业背景和信息技术背景的人才,按照"缺什么,补什么"的原则,进行各种专业知识和技能的培训，完善人才的知识结构，以解决档案部门复合型人才缺乏的燃眉之急。

3. 人才的使用

档案信息化建设要想吸引人才、留住人才，需要制定相应的人才吸引政策；关注和解决档案信息化人才的切身利益；给人才安排适当的岗位，使其发挥专长；给人才提供继续教育和实现自身价值的机会，真正做到以"事业留人、感情留人、适当的待遇留人"，做到人尽其才，才尽其用。

第五节　信息技术保障体系

改革开放以来，我国档案事业坚持信息化带动战略，取得了长足进步。实践证明，以信息技术应用为先导的科技创新，永远是档案事业科学发展的不竭动力。当前时代正面临新一轮信息技术革命的浪潮，为了更好地抓住信息技术革命的先机，紧密跟踪、研究和自觉应用新一代信息技术，需要增强对新技术发展和应用趋势的认识。

一、新一轮信息技术发展的"四化"

当今时代，在社会需求的驱动下，信息技术的发展精彩纷呈，有以下"四化"：

（一）移动化

随着科学技术的发展，各种可移动的设备相继出现，人们越来越多的使用这些设备，智能手机、平板和笔记本电脑、可移动电视等，都在人们生活中占据越来越重要的地位，人们利用这些设备对信息进行快速处理。通过这些移动化设备，信息能得到非常快速的传播。随着宽带、无线的发展和各种触摸屏相继出现，人们可以通过更加便捷的方式获取信息，这就说明了档案信息化是非常有必要的，只有对档案资源进行数据化处理，才能够更方便地利用资源。

（二）融合化

融合化是指电视、手机和计算机的融合，以及有线电视、互联网和移动通信的融合，因为这些网络和设备的融合，人们可以对新的技术手段进行更灵活的运用，人们的生活节奏越来越快，融合可以使人们对于碎片时间的应用更加充分。网络现在发展得也越来越人性化，人们可以在网络上进行娱乐和社交等各种活动，可以通过网络随时随地浏览各种信息，时间和空间都无法对人们获取信息造成阻碍，这种融合化使人们的生活越来越快捷、方便。目前新兴的信息技术，包括云计算、大数据、物联网等都是融合技术，"互联网+"讲究的也是融合。档案信息化要密切关注和应用新兴信息技术的融合优势。

（三）虚拟化

如今，虚拟技术发展得越来越快，人们可以在虚拟的环境中感受真实。这种虚拟还避免了一些风险，包括安全风险、资金损失等。人们可以通过虚拟技术获取各种各样的网络资源，甚至连软件都不用下载，虚拟的桌面、存储、终端等相继出现，逐渐渗透人们的生活。对于档案信息化建设来说，虚拟技术的出现使档案管理可以更加高效，档案馆的虚拟化促进了档案数字化发展进程，使档案管理越来越高效，逐渐形成规模，朝着集成化方向发展的越来越快，可以判断，未来的档案信息化建设势必会以更小的风险、更低的成本、更高的效率、更高的质量来运行。

（四）依存化

任何技术的发展都不可能和其他技术没有联系，孤立发展的技术是不存在的，对新发展起来的技术而言，其本身并不成熟，因此就更需要和其他技术进行紧密结合，弥补自身的缺陷，发扬自身的长处，只有技术之间彼此依存，未来才能取得更好的发展。除了技术之间的相互依存，技术与环境之间也存在着依存关系，环境不断规范化，对于技术的发展来说是一件好事。在档案的信息化建设过程中，新技术的综合运用能够促进信息化的发展。对于档案行业来说，新技术的运用是一项巨大的挑战。

二、信息技术新发展对档案信息化的影响

信息技术对档案工作的影响是"双刃剑"。只有正确认识和科学应用信息技术，才能趋利避害，给档案工作的发展带来正能量。信息技术在档案信息化领域中的应用前景十分宽广，以下介绍和评述新一轮信息技术对档案工作发展的影响。

（一）图像采集与识别技术

为了适应多媒体和全媒体技术的飞速发展，近年来，计算机图像采集与识别技术日新月异。该技术对档案信息化的影响是：

1. 图像采集技术

数码摄影、摄像、扫描等图像采集设备的功能日益强大，使用日益便捷，由此催生了海量的、高质量的图像信息。一方面，使多媒体档案的收集、整理、保管、保护面临巨大的压力和难题。另一方面，为档案资源增添大量生动、直观的优质信息资源，弥补了传统文字档案可视化不足的缺陷。

2. 识别技术

生物识别、图像识别、磁卡识别、电子标签（即射频识别技术，简称 RFID）等识别技术日益成熟和成本下降，为档案信息化的应用创造了充分的条件，在辅助档案实体的档案进出库登记、借阅登记、归还登记、入库档案清点、档案库房安全管理等方面有广阔的应用前景。

3. 手机二维码技术

该技术已经广泛应用于社会各领域，可用于档案用户身份识别、文件防伪和网站快速定位等，提高了档案信息主动推送和档案网站快速访问的效率，进一步促进档案事业的社会化。

（二）存储技术

随着数字信息存储技术的飞速发展，涌现出存储区域网络、网络附属存储、云存储、固态硬盘、存储卡、磁盘阵列、磁带库、光盘、光盘塔、光盘库等新型存储技术和存储设备。该技术对档案信息化的影响是：

1. 海量化存储技术

存储海量化、载体密集化、存取快捷化，一方面更有利于发挥大数据电子文件存储密集、传播方便的优势，有利于大容量多媒体电子档案的长期保存；另一方面，增加了电子档案信息失窃、失落、失真、失密的风险，使电子文件安全保管面临更大的挑战。

2. 集群存储技术

多台服务器"团队作业"的集群存储技术，能显著提高档案信息系统的快捷性、稳定性和灵活性，有利于大数据档案的安全存储、高效处理和广泛共享。

（三）检索技术

检索技术包括搜索引擎、网络机器人、智能检索和图像检索等。该技术对档案信息化的影响是：

①检索功能智能化，使计算机对自然语言（如关键词）的检索具有一定的语义推理、扩检能力，可显著提高查全率和查准率，将广泛应用于档案检索。

②检索条件图像化，将过去通过文字检索转变为通过图像检索，如指纹、照片检索，显著提高了影像档案的检索能力，给检索手段带来革命性的变化。

③检索服务简单化，使各种移动终端和搜索引擎的使用更"傻瓜化"，使检索服务更人性化，如检索后提供自动摘要、自动跟踪、自动漫游、机器翻译、动态链接等，网络机器人技术可以对特定的检索需求进行定制，自动挖掘互联网信息。

④检索领域多样化，可以提供多语种、多媒体服务，还可以提供政治、军事、金融、文化、历史、健康、旅游等各种专题的个性化服务，这些都能使档案检索系统的设计更好地面向用户，满足大众的各种档案需求。

三、云计算技术在档案信息化中的应用

云计算是当前信息技术领域的热门话题之一，正受到社会各界的高度关注，使档案信息化面临一系列新的机遇和挑战。

（一）云计算的概念与特征

云计算是一种基于互联网的计算方式。这种方式利用分布式计算和虚拟资源管理等技术，通过网络统一组织和灵活调用，将分散的信息资源集中起来形成共享的资源池，并以动态按需和可度量的方式，向使用各种形式终端的用户提供服务。在云计算环境中，应用软件直接安装到了"云"端的服务器中，不是用户终端上，用户仅需要通过 Web 浏览器登录到"云"端的管理平台，就可以使用软件并得到所需服务。"云"是对计算服务模式和技术实现的形象比喻。"云"由大量基础单元——云元组成，各个云元之间由网络连接，汇聚成为庞大的资源池。

按照云计算服务提供的资源所在的层次不同，可以分为 IaaS（基础设施即服

务）、PaaS（平台即服务）和 SaaS（软件即服务）三种服务方式；根据服务对象的不同，可以分为面向机构内部提供服务的私有云、面向公众使用的公有云和二者相结合的混合云等。

（二）云计算用于档案信息化建设的优势

在建设信息化档案的过程中，如果可以对云计算进行应用，就会发现有很多好处。

1. 实现档案信息资源共享

如果采取云计算的技术，那么档案系统就不会被孤立。因为多个方面都对软件系统进行了开发，所以"信息资源孤岛"很容易出现，但处于不同的地区中，可以建立资源"共享池"，实现电子档案资源的高度集中、统一管理和广泛共享。

2. 节省投资成本及运维费用

众多档案部门不再需要构建自成体系的软硬件平台，可以以极低的成本投入获得极高的运算能力，大幅度降低运维费用和提高运维效率。

3. 提高信息系统的安全性

在过去，档案馆通常都会将数据放在服务器上，所有的数据都集中在一起，如果服务器出现什么问题，那么用户就无法收集相关的资料，甚至档案馆会丢失一部分数据。而云计算克服了传统方式的缺点，因为大量的服务器中都有数据的存在，就算有一个服务器出现问题，数据也会被快速拷贝，可以在新的服务器中被找到，用户查询也不会受到影响。

（三）云计算对档案信息化的保障

目前，档案信息化面临资源整合难、数据集中难、系统运维难、资金投入难、人才引进难等诸多难题。云计算技术的出现，将为档案部门走出困境提供新的思路。

1. 档案信息化基础设施保障

由于经济水平的差异，不同地区对档案信息化建设的投入存在较大差别。经费紧张的地区难以满足基础设施建设的需求，经济发达地区的基础设施资源存在一些闲置的现象。为此，档案部门可以采用云计算的"基础设施即服务"方式，通过整合各种设备，由云平台提供基础服务，这样可以避免资源的浪费，尽量缩减开支。

档案云是我国重点进行的项目，国家档案局联合各个档案馆开展了一个重大的项目，即"中国档案云"，尝试构建包含国家级档案云、省级区域档案云和市（县）级区域档案云的档案行业信息技术基础设施，助推全国档案信息化事业的发展。

2. 档案信息化业务平台保障

档案管理应用系统的研发和运维需要档案部门投入大量资金和人力，尚且难以确保应用系统的质量。如果采用"平台即服务"模式，那么各级档案部门就可以集中使用资金和优秀的人才，研制和推广通用的档案管理软件，既可避免软件重复研制的资金投入，又可通过通用软件的推广，改变过去因重复建设造成数据异构、平台异构、流程异构，档案信息资源难以互联共享的弊端。

3. 档案信息化高效利用保障

如何通过档案的社会化服务，增强档案社会利用价值，提高社会的档案意识，是新时期加强和改进档案工作的重要课题。

依托部署在"云端"的档案资源管理体系，公众可便捷地获得数字档案资源，开展不同专题的档案编研；可以将家庭档案和个人收藏制作成精美的网络展览推入"云端"共享；还可以利用"云端"提供的"一站式"检索功能获得跨专业、跨地区的档案信息。

在国家档案局开展的"中国档案云"项目中，已经建设了以云计算技术为依托，覆盖全国的各级综合档案馆，为社会提供统一查询利用开放档案信息的专业化平台，该门户网站被命名为"中国记忆"。

四、大数据技术在档案信息化中的应用

（一）大数据概念探析

大数据的起源可以追溯到2000年前后，互联网网页以每日约700万个的速度呈现爆发式增长，在2000年底全球网页数达到40亿个之多，用户在互联网上检索准确信息也变得愈发困难。谷歌公司为提高用户使用互联网的效率，率先建立了覆盖数十亿网页的数据库，成了大数据应用的起点。大数据技术的源头是谷歌公司提出的一套以分布式为特征的全新技术体系。

大数据从出现至今，一直都是全社会关注的焦点，至今仍无公认的定义。我们可以从三个方面来理解大数据，这三个方面分别是技术、应用和资源。大数据包含了非常多的信息，是通过各种算法和技术，将大量的数据整合起来，形成一种在线闭环业务，大数据就强调对这种业务进行优化。新的理念在大数据中处于非常重要的地位，可以起到决策的作用。大数据是一种综合体，新的应用和资源都被包含在内。

（二）大数据关键技术

在信息系统中，大数据是有一定的生命周期的。所以，从这个角度来看，将大数据的运用分为五个环节：一是准备数据、对数据进行存储、数据进行相应的管理、对数据进行处理和计算、对数据进行分析，将知识展示出来。最后一个环节主要是大数据的量发生了变化，对算法和技术的重构会影响数据的存储、计算和分析，大数据要想创新离不开重构。

1. 数据准备环节

在对数据进行准备的时候，需要对数据进行处理。因为大数据具有非常大的体量，其质量和格式都各不相同，所以只有规范格式，才能够为后续的环节提供条件，在处理数据的时候，要尽可能地保存原有的语义，将数据中精细的部分保留下来。

2. 数据存储与管理环节

现在这个时代是大数据的时代，我们每天都面临着海量的数据，全球的数据量每天都在快速增长，这就对存储数据提出了挑战。GFS 即谷歌文件系统，HDFS 即 Hadoop Distributed File System，翻译成中文就是 Hadoop 分布式文件系统，这两种系统都对分布式架构进行了运用，对传统储存系统存在的一些缺点进行了弥补，能够达到较高的并发访问能力。

大数据有着各种各样的格式，在进行数据储存的时候，要对大数据的这个特点进行考虑。只有适应各种各样的数据格式、对数据进行有效的储存，才可以实现高效的数据管理，在这种情况下，非关系型数据库应运而生。如，谷歌 Big Table 和 Hadoop HBase 等都是典型的非关系型数据库，具有良好的包容性，能够应对非结构化数据多样化的特点。大数据在以后的发展中，其存储管理技术只有将关系型和非关系型的数据库的一些优点结合起来，使其具有灵活性且操作更加便捷，才能研究出新的技术。

3. 计算处理环节

对大数据进行计算要求很高，对扩展性、数据吞吐率等方面都提出了很高的要求，传统的计算系统已经无法适应时代的发展，所以新的并行技术就是分布式的技术，弥补了传统技术的不足，可以满足时代的新要求。

（三）大数据对档案信息化的保障

1. 档案数据高效存储保障

如今，我国馆藏数字档案已经拥有了相当大的体量，计算单位从 TB 变为了 PB，卷数已经将近四亿。在档案进行数字化的过程中，很多数字资源都需要进行归档处理。对数据进行分类主要包括三种，分别是半结构化、结构化和非结构化的数据，音频、视频和图片等属于非结构化数据，而 HTML、Email 等属于半结构化数据，这两个类型的数据用关系数据库并不方便。

现在的档案资源体量十分庞大，呈现出多种多样的类型，所以，再用传统关系型数据库就很难对其进行处理了，而大数据的出现，为海量的档案资源提供了管理方式。通过大数据进行储存，我们会发现，大数据的处理方式具有很强的扩展性，无论是半结构化的数据，还是非结构化的数据，都可以采用非关系模型的方式来对数据进行处理。

2. 档案数据价值挖掘保障

如今，我们虽然拥有海量的档案资源，但是，要注意对其价值进行区分，只有将有价值的信息提炼出来，才能让用户更好地对相关的信息进行利用。对于档案工作人员来说，这是一项非常困难的工作，是必须要进行的工作。

现在是一个大数据时代，在档案工作中，有很多新的技术都可以运用到档案管理中，要从多角度对档案数据进行处理，对非结构化的数据进行转化，使其成为半结构或结构化的数据。用户可以通过大数据获得更准确的信息，甚至还能获得相关的图像信息等。在大数据时代，要对档案数据的价值进行挖掘，这就意味着对档案数据的分析和处理成为工作的重点。

3. 档案数据高效利用保障

在大数据时代，进行档案工作，更多的是为用户提供便利条件，使他们可以对档案信息进行利用。在这个过程中，便捷和效率是我们重点关注的问题，大数据技术可以提供全方位服务，实现智能化，克服传统档案管理工作的弊端，促进档案工作高速发展。

（四）大数据技术应用于档案信息化需注意的问题

1. 大数据技术的实现问题

传统的技术相对来说比较简单，大数据技术相对来说要复杂很多。通过大数据技术对档案工作进行管理，是由各个节点组成的系统完成的。正是因为节点的数量很多，所以要将其他专业的优点利用起来，促进档案工作高速发展；突破专业限制，结合行业需求，参照行业特点，最终将大数据平台建立起来，实现大数据技术处理档案工作的目标。现在，我国有很多档案都是存在文字图像的，而文字图像是难处理的，需要先利用OCR识别，来对这些文字图像进行高准确率的处理，形成文本文件。在这种条件下，再利用大数据进行处理就很方便。

2. 信息安全问题

档案资源是不可再生的，所以，在档案信息化的过程当中，保证档案数据的安全是非常重要的。黑客的攻击和间谍的窃取，都会对档案数据产生不可磨灭的打击，所以，必须对信息安全进行保障，采取各种技术措施来保护档案的安全和完整。

3. 保密问题

现在是一个大数据的时代，网络是进行数据传输的重要渠道。在这个过程中，很有可能会出现档案资源泄露的情况，尤其是有一些档案是涉密的，甚至涉及军事、国防等领域。所以，只有加强档案保密工作，才能使国家的安全不会受到侵害。

档案的信息化离不开大数据技术，现在不仅是一个大数据时代，还是一个知识经济的时代，所以，将信息化的档案变成知识，使其成为可以利用的资源，这是档案工作的一个趋势。

第七章 档案信息化管理的创新探索

信息化在人类文明方面引导着世界文明的发展进程,是当今社会一种不可阻挡的发展趋势。本章内容为档案信息化管理的创新探索,分别介绍了多载体档案统筹管理、文件档案一体化管理及档案资源多元化利用三个方面的内容。

第一节 多载体档案统筹管理

从20世纪90时代开始,我国的信息化迈入了在多行业综合应用的发展路径。在应用的过程中,信息化的管理开始出现具有记录价值的数字化档案,得到了广泛的应用。在档案出现电子文件的背景下,许多技术较为先进的档案馆开始利用计算机的技术建设档案目录,设计出方便查看的电子查询案卷。但是,技术条件较好的档案馆毕竟还是少数,放眼全国,依然有很多档案馆没有开始信息化的建设,或者是没有将档案进行信息化处理的意识。不同行业对于信息档案的利用程度也是不同的,存在着较大的差异,档案生成的介质也不同,有模拟的档案,也有数字的档案。档案存放使用的载体也是不同的,有的档案使用原始的纸质,有的档案使用的是数字格式,如光盘和硬盘。

从进入21世纪后,整个社会变为了一个模拟与数字、传统与变化共同存在、和谐发展的状态,档案的管理也处于一个过渡时期,不断寻求管理方式的革新,向现代管理的阶段发展。档案馆中存放的档案信息类型变得更为丰富,除了传统的纸质档案外,还有使用新载体的电子信息,这些载体有录像带、录音、缩微胶片等多种形式。在信息技术快速发展和进步的社会背景下,档案载体的类型得到了丰富、管理工作的环节增加了,科学技术的发展促进了档案管理服务的转型发展,这些问题都是档案信息化面临的巨大挑战,但是,档案管理的人才队伍建设却没有跟上外部环境发展的脚步。所以,在档案资源不断扩容,档案信息管理任务不断提高难度的环境下，社会中的各个主体开始越来越关注档案信息的进步和发展，这就对档案管理工作人员的专业水平提出了更高的要求，需要从宏观的角度进行档案的管理工作。

一、档案目录信息统筹管理

档案工作的主要内容不会因为档案的载体和技术条件的进步而发生本质上的改变，主要还是编目、分类、整理的工作，所以，档案目录是非常重要和基础的档案服务管理内容，能够方便档案的检索和利用。

在传统档案管理中，档案目录通常是以传统的手写方式记录下来的。在技术条件不断发展的背景下，新归档的档案能够生成电子的目录信息，就是机读的档案目录，其他的目录信息整理方式有Word、Access、Excel以及使用关系型数据库格式。为了给大众提供更好的档案服务，档案馆要记录并整理过去和未来将要归档的所有档案，对目录信息做单独的处理，处理的方式有两个：按照来源和按信息分类方法。经过处理后，目录信息的范围能够扩大到全馆的所有资源。档案管理者应利用管理的信息系统，将目录信息做好整理和保存，方便目录信息的使用和共享，将目录资源统一起来。在过去一些档案馆的管理过程中，存在错误的管理方法：将数字化档案和纸质档案的管理相分离，数字化档案使用科技程度较高的管理系统，纸质档案依然使用传统的检索方式，效率低下。目录信息是档案馆信息化的一项重要内容，不能将过去的档案管理工作与现代的管理工作分割开来。

档案目录信息管理的工作分为两个部分，分别是案卷目录的管理和卷内文件目录的管理，要将两者结合在一起，对卷内文件目录也要使用信息化的管理方法，达到案卷目录的卷内文件目录的协同管理，使查询者可以根据一个案卷目录或是卷内文件目录，快速找到相对应的卷内文件，找到其需要的信息。

档案信息化工作因为客观资源的限制，不可能很快实现质的变化，需要逐渐进步和发展，所以，在进行信息化工作时，要根据信息管理工作的轻重缓急进行安排，最重要的工作要排在首位。一部分档案馆在进行信息化的过程中，先从新归档的档案开始整理，再处理馆藏的原有档案。如果是规模较大的档案馆，就有实力同时进行原有工作和新归档档案的处理工作，档案馆的信息化效率和数字化成效都会提高。无论档案馆使用怎样的工作方法，最终的目的是达到信息化管理的效果，提升档案馆相关工作人员的工作效率，更好地为档案利用人员服务，为将来档案管理信息化建设奠定坚实的基础。

二、目录全文一体化管理

档案全文是指档案具备的数字化内容，如照片、纸质文本、缩微胶片等档案内容经过数字化形成的文件、图像经过转化后形成的多媒体文件（多媒体文件来源于磁带和录像带等档案），还包括是在信息化办公基础上产生的电子文件，归档后也为数字化档案的一部分内容。档案的主要内容是这些全文信息，与档案目录信息不全面相比较来看，档案全文提供的信息更完善，准确程度更高。

实际档案管理工作情况并不理想。一些档案馆在完成文件的接受和加工后，没有处理好原文信息的内容，只是将数字化后的文件存储进磁盘、光盘等储存器上，保管的方式与纸质档案相同，没有将数字化的信息利用起来，如编目、分类等，使信息管理工作缺乏系统性和条理性。这样的信息管理工作和档案馆数字化的要求不相符。档案馆进行档案数字化和接受电子文件进馆的工作耗费了大量的时间、人力成本，目的是提升和利用检索的便捷程度，能够保护利用频次较高的历史档案。

在信息化管理过程中，一个效率较高的方法就是进行目录的全文一体化管理。这一方法的工作原理是先在目录中检索需要的信息，确定好大致的检索范围，提高查档的效率。一般使用的方式为：将档案的目录收录进关系型数据库管理系统，将数字化处理后的电子文件，按照文件或文档对象的方式存储在档案馆的服务器上，制定好档案馆的访问规则，让档案目录信息通过特定的方式与文件对象联系起来。在档案目录信息中初步检索到需要查找的信息后，就可以扩大搜索范围，在全文中检索。设定信息系统时，需要确定好用户在系统中的浏览和检索权限[1]。

在许多档案接收工作中，对电子文件的处理，一般会使用"目录全文关联归档"的方式。"目录全文关联归档"是将电子信息分不同类别，形成不同的目录信息，将目录与电子全文联系起来，形成对应的关系。在具体实施环节，将目录

---

[1] 薛四新，孙宇华.数字档案管理方案——目录全文一体化管理[J].数字与缩微影像，2003（3）：9-11.

信息与电子全文在存储时分类，单独进行数字化处理，对电子全文内容进行分类处理，形成其对应的目录信息，将目录信息录入数据库中，将处理完成的电子全文存储在档案馆的服务器中。电子信息在存储前，要做好分类工作，形成相对应的电子目录信息，实现关系的梳理。

"目录全文关联归档"结束后，应创设一个具有"电子信息背景应用环境"的文件下载中心，保证电子文件可被利用。文件中心可自动集中收纳所有归档信息。文件中心管理的方式为逻辑管理，其放置的位置在不同的档案馆中并不相同，有的放置在业务系统中，有的放置在专有的服务器内部。电子信息的位置在网络发展的基础上，不断变化物理位置并不是最重要的，最重要的是实现管理和利用的便捷化。档案利用受到档案利用人员的影响，不是所有具有利用价值的档案都会被高频次的使用，如建筑设计方面的专业人员，使用的是工程学科的档案内容，对其他学科档案利用率不高，所以，档案利用的专业针对性较高。从档案利用的实际需求出发进行分析，可以总结出，"目录全文关联归档"方法适合实际情况，传统的"脱机存储法"有缺点，会重复记录不同类型电子文件的专业背景等信息，产生大量的多余信息，减少了存储空间。"目录全文关联归档"针对这一问题进行了改进，如果利用者需要从更宏观的角度查看档案信息，那么就会自动下载一个"电子信息背景应用环境"的安装包，满足客户机缺少安装运行条件的利用者。

如果想要将"目录全文关联归档"落实到位，档案管理人员需要转变工作思路，参考档案利用者在档案利用时存在的问题，按照档案管理工作的具体规定，开展数字化档案的归档和电子档案管理的"目录全文关联归档"工作。

档案馆的管理人员需要不断学习现代化管理的新知识，利用网络技术，开展馆藏文件的管理、归档和鉴定工作，重视档案利用者对档案馆工作的建议，研究档案资源的开发工作，实现电子文件形成过程的全过程监控，转变工作方式，形成档案馆主动挑选资源的优势，优中选优，使档案馆接收的文件信息都能为社会提供有利价值。

许多档案馆都将"目录全文关联归档"推广到更大的应用范围中，将这一方式融入数字信息的管理过程，这个管理方式是我国档案信息化值得使用和优化的工作方案。

三、档案工作的"双轨制"

各行各业信息化的大力开展，形成了大量的电子文件和电子档案，这不等于档案馆今后不再接收纸质文件。

质量较高的纸质档案，保存的时间可达千年，但是，现代化的电子档案在保管中会出现各种各样的问题，如安全性的保证、保存的时间、法律依据等，这些不完善的内容需要管理人员进一步明确和研究。所以，在未来的档案管理信息化建设进程中，纸质档案和电子档案都是重要的载体。进入 21 世纪后，档案管理工作的方式变成"双轨制"。

"双轨制"是在文件的档案管理过程中，同步保存纸质档案和电子档案，这两种载体的档案随着档案馆的归档工作进行流转，在保管的过程中需要保证两种载体的同步处理。在"双轨制"的程序下，档案一直按照两种载体进行同步保存，管理人员在进行处理的过程中，需要并行办理两种载体的档案。

"双轨制"的本质是按照两种载体进行同步性记载和管理工作。具有价值的档案进入档案馆进行管理，在流转的过程中需要同时移交两种类型的记录。这种同步管理的工作方法是档案信息化管理的低水平阶段，是在《中华人民共和国电子签名法》文件发布前的时期，电子文件的法律效力无从判定，很难保证电子文件和纸质文件的相符性。

2004 年 8 月 28 日，全国人大审议通过了《中华人民共和国电子签名法》，这一法律文件于 2005 年 4 月 1 日产生法律效力。在法律的明确规定下，电子签名具有与手签名一样的法律效力，所以，电子信息文件与纸质信息文件法律效力相同。专业人员开始从身份认证、数字签名和网络环境等技术上寻找电子文件的发展方式，保证了电子文件在不同流程中都是完整、可读的，能够和纸质文件保持一致性。在科学技术不断进步的 21 世纪，无纸化办公成为人们高效、科学、合理管理的重要载体。

在相关法律法规不断完善的背景下，"双轨制"实行的必要性成为人们关注的重点问题，相关领域的专家学者对这一问题展开了研究。从网络科技的本质特点上分析，这些电子化的内容存在"安全性低""不稳定"的特点，针对此问题有解决的方法，数据资源管理服务系统、存储器、服务器等设备会根据系统版本的发展进行更新，数据转换和迁移的方式在不断进步，确保电子文件的可读性。

很多数字化文件和档案已经丧失可读性，无法找回，由于在档案馆数据库和服务器升级时期，没有进行文件信息保存和转换，属于档案管理人员的工作问题。

文件信息的保存和转换过程，会对档案文件的完整性和可读性产生负面影响，会让文件中一些信息出现损毁，这样的转换问题是"双轨制"实行的一个原因，"双轨制"的实行要以物质基础为支撑，其管理的过程非常复杂。所以，许多档案馆和相关单位都使用"双套归档"的信息管理方式，第一种方式是在电子文件进行归档管理过程前，打印出纸质文件，在流转到档案馆的过程中，将两个载体的文件同时上交。第二种方式是对纸质文件进行数字化处理，如扫描或文字识别，制作电子载体拷贝。通过这两种方式，所有文件都能进行保险保存，电子拷贝可以进行信息化管理，纸质拷贝文件可以永久保存，有的机构使用微缩的新技术。

这样的"双套归档"方式，在一定程度上会增加档案接收和管理的工作量，提高了档案管理的时间和人力成本，这样的方式经过实践考验后，仍是当前社会档案管理工作的主要方式。

随着社会发展和科技进步，电子档案和纸质档案在档案馆中的比例会出现波动，但是，纸质档案的地位不会改变。

所以，档案馆应该从实际情况出发，依照科技水平、资金数量、人才储备等要素，选择适合本馆的档案接收和管理方式，为档案信息化管理工作的开展做充足准备。"双套归档"的方法适用的范围是全部的档案还是部分的档案，数字化的程度怎样的，各个档案馆应按照本单位的情况进行信息化的建设工作，从中总结经验。

第二节 文件档案一体化管理

实现文件档案一体化管理需要有一定的条件，近年来，科技的进步和发展，办公自动化的应用都为文件档案一体化管理的发展奠定了基础。管理的模式、思想、技术、方法都会发生变革。文件档案一体化管理的理论基础是文件生命周期理论，在形成的过程中，受到前端控制思想的影响。

在归档工作开始前，很难将电子文件和电子档案区分开，这两种概念不同，在产业活动中产生的是电子文件，电子档案是产业活动结束后，将有价值的电子文件进行归档的整理，归纳完成后产生了电子档案，文件档案一体化管理就在这一环节中产生了[①]。

一、文档一体化管理思路

在电子文件全程管理中，强调管理的完善和信息的完整是文档一体化管理最本质的要求。一体化的目的是保证需要保存的电子文件，在形成到归档的过程中，信息能够保持统一和完整。文档一体化管理思路有以下几个方面的内容：

（一）管理过程的互动性

文档一体化能够将产业活动中现行的工作内容与档案的管理工作结合在一起，实现实时性的交互。第一，让档案管理人员从文件的产生开始就介入到文件管理的工作中，在文件形成和丰富的过程进行一定控制，提高管理的实际效率。第二，让产业内部的相关成员增加对档案及文件的了解，要了解档案归档和整理等基础的档案管理知识，提升自己工作的责任心，需要在工作中明确文件管理的责任，跟踪文件活动中重要内容和信息，保证电子文件具有较高的完整性。

互动和交流的过程促进了不同管理人员对档案管理工作的沟通，提升了档案管理的实际效果，使电子档案的内容更完整真实。

（二）应用系统的统一性

管理信息系统的统一程度是文档一体化管理实现的重要条件，文件和档案都需要在管理信息系统中的数据库管理平台、服务器和网络中运行，信息系统的运行需要同一种文件存储格式。不同管理责任的工作人员拥有的档案权限是不同的。业务工作人员可以对文件业务处理阶段内容进行总结，对文件内容加以删除、修改和增加；档案管理人员只能够查看档案，不能对文件的内容进行编辑。

档案业务工作人员对文件结束编辑后，档案管理人员开始对文件的归档进行归纳、整合处理，进行电子文件的鉴定和指导工作。电子档案正式形成后，档案管理工作人员对电子档案进行存储的安排，对档案形成机构提供利用的服务，面向社会提供信息的查阅服务。借助管理信息系统的作用，文件在向档案转化时，

---

① 陈永利.浅谈文件档案一体化管理[J].现代营销（下旬刊），2012（9）：169.

省去了数据迁移的过程，避免了信息的移动，保证了信息的完整性，减轻了档案工作人员的负担，提高了工作效率。

（三）工作流程的集成性

文件生命周期在过去的文件管理工作中，包括文件的产生、分类、档案的保存和利用等阶段，都被分为了三个周期阶段，这三个阶段是较为独立的过程，分别为现行期、半现行期、非现行期，需要借助档案馆、机构档案馆、现行业务工作部门等三个不同的部门完成工作任务，整个工作为独立完成。文档一体化模式克服了统一性不足的缺点，将档案的管理工作阶段衔接起来，形成一个统一的管理系统，进行统一组织下的协调和控制管理，各个不同的工作程序交流起来更为便利，工作效率得到了保障，文件的产生、批准、流转、整理、归档、移交、管理等环节要与档案的鉴定、保存等工作统一起来，使文件的管理与档案的管理形成统一的标准，实现工作流程的有效衔接，工作流程的环节不是一成不变的，是按照不同文件的类型进行具体处理，对工作流程进行了完善，减少了档案工作中的难题，避免了因人工录入出现的错误。以下是工作流程的集成性体现：

①将归档过程与文件业务活动过程结合在一起。不同产业单位在对活动中形成的文件进行处理时，可以将保存价值较高的文件标记好，保证这一文件的处理效率。归档标记的活动属于文件业务活动的最后一个环节，出现在业务流程活动中的不同阶段。

②将归档工作与鉴定工作结合在一起。档案工作人员需要借助归档标记，对文件价值做出一个基本的判断。这样档案的管理工作人员在开展相关的工作时，带有归档标记的文件是工作的首要任务，这样能够确保工作质量，提升工作的目的性，使鉴定工作和文件的质量控制工作可以同时开展。

③将归档工作与数据保护、工作权限等内容结合在一起。归档的过程，说明文件的管理单位发生了变化，用户对文件的操作权限发生了相应的变化。归档电子文件的数据备份、电子签章等内容是归档工作的内容，这些工作可以与归档工作同时进行。

④将归档工作与档案的整理工作结合在一起。在进行归档时，管理信息系统对目录信息做出划分，确定档案的分类；再由档案的管理人员进行人工核对，为档案添加其他需要增加的内容，这是双重保险。

（四）业务处理的自动性

文档一体化是一种自动化的信息系统，该系统工作的基础条件是安全的网络环境、计算机端口和数字化的工作环境。这样的信息系统能够提高工作的速度和正确性。

系统自动处理技术在一些工作过程中得以使用，如文件版本的自动更新、文件业务工作的处理记录、在管理准则下制定的电子档案自动标引记录等，这些工作内容都提升了业务处理工作的效率，降低了人工处理的难度。因为这些自动处理的工作都是在安全认知后进行保存的，所以保证了文件信息内容的完善程度。

（五）归档工作的及时性

在熟悉文档一体化管理系统的操作后，档案管理工作人员的文件归档、鉴定和整理工作会更加便利，只要文件处于归档范围并已经过了现行期的范围，就可以随时查看文件的状态。电子文件现行期的鉴定需要电子文件形成机构的帮助，文件在超过现行期范围后，就可以开展归档和鉴定工作，能避免因不及时归档出现的问题。

（六）安全管理的有效性

文档一体化有两个方面的作用，第一，可以提升电子文件归档的自动化水平，简化归档的过程。第二，使电子原始文件与档案目录信息实现同步化，减少档案管理人员人为出现的错误，保障了档案工作的效率，为档案工作的规范发展提供了基础。在文档一体化的过程中，不用担心网络环境带来的负面作用，这些风险是可以通过技术手段避免的。按照权威机构的数据报告，大部分的信息安全危机都是由管理造成的，自动化系统的管理比人工管理的安全系数更高。尤其是在《中华人民共和国电子签名法》生效后，安全技术手段得到了充分发展，电子文件和电子档案的安全也得到了法律的保障。

二、文档一体化实现方法

互联网技术是文档一体化管理形成和发展的基础条件。办公系统在发展的过程中，对文件和档案的管理工作提出了更高的要求，要具备办公信息的基础功能，促进办公效率的提升。

我国文件和档案管理的系统一直都是相分离的，所以，到现在为止，办公自动化和档案自动化管理这两个系统都没有统一起来。现在许多被称为"文件和档案管理一体化的信息系统"，只是将管理的工作协同起来，共同进行，不是数据的集成化。真正意义上的文档一体化管理信息系统，是能够将电子文件所有活动记录包括进去的系统，数据的自动导入过程并不属于文档一体化的过程。文档一体化对文件的完善程度提出了更高的要求，为了满足这样的要求，就需要从文件的形成阶段进行管理，提前进行文件的标引、著录和编目等工作。所以，为了更好地进行文档一体化管理信息系统的建设，需要研制出一种能够包含电子文件活动，记录文件状态和发展过程的系统，提前介入公文处理工作，这些是文档一体化工作需要重视的内容。

文档一体化的建设过程具备一定的现实基础，就是文件的生命周期理论，文件与档案之间的关系决定了文档一体化的可行性。文件和档案是具有联系的两个个体，文件和档案在物质组成、结构、内容方面都是相同的，唯一的区别是时间的顺序，文件是现行的，处于现行期；当文件超出了现行期的范围就变为了历史的文件，在经过归档处理后就形成了档案。所以，文件和档案只存在时间顺序方面的区别，因此，文档一体化管理是理所应当的。不同的管理部门管理的文件只有时间阶段上的区别，在文件的产生、流转、审批阶段，文件处于不停地流转状态下，需要分散保存和管理，有利于随时查用和迅速运转。文件分散保存的任务主要由文件产生部门承担。

当文件经历了一个周期后，文件就开始了"休眠"。这时需要对文件进行归类和整理。及时管理可以更好地保存档案，保证档案的完整程度，为外界人员提供使用上的便利。档案馆的作用是为档案和利用人员提供管理的服务。所以，文件产生的产业活动部门和档案馆的目的都是保存、利用文档的价值。

如果使用系统学的理论对文件和档案进行分析，就会发现管理的过程是一个信息的系统。在管理的系统中，文件和档案处于一种相互联系、相互影响的作用，档案的质量是由文件的原始质量决定的，档案的质量对文件的整个循环过程产生了影响。所以，在一个系统内对文件和档案进行统一的管理，能够将文件和档案信息的结合优势体现出来，促进档案馆的信息化建设进程。

（一）文档一体化系统业务流程

文档管理需要经过整理、鉴定、流转等多个阶段才能形成电子档案，最终在档案馆等档案部门归档，这个过程才算完成。

（二）文档一体化系统功能结构

文档一体化管理信息系统一般包括六个阶段，分别为档案管理、文印管理、归档管理、发文管理、收文管理、系统维护。这六个阶段相互联系，实现信息共享，达到文档一体化管理的目的。下面对其中的四个阶段进行说明：

1.收文管理

如果需要对平级来文、上级公文进行处理，可以使用电子文件的形式。使用者可以按照公文的重要程度、流转进度、登记日期等内容，寻找到需要的公文内容，进行管理的工作。工作主要有五个过程：文件发布、流程监控、文件催办、收文流转、收文登记。

2.发文管理

对不同来源的文件进行处理。在电子文件正式形成和签发之前，需要通过不同等级的部门人员进行修改工作，等领导确认后，将文件签发，对文件进行归档的处理。工作内容包括起草、发布、流程监控、文件催办、发文流转等。

3.归档管理

在对电子文件进行归档处理前，需要对归档的方式进行选择。大多数的归档过程有两种方式：一是在网络上进行归档处理，这种方式需要借助档案部门的网络公文传输系统，在系统完成归档后，电子文件的管理权就发生了转移，正式形成了电子档案。电子文件形成部门的人员在这时就不能对档案进行修改了，只有查询的权限。在文件归档的过程中，系统需要提供各种形式的安全验证来确保电子文件的完整性，如电子签章和电子验证等。这种归档的方式需要借助文档一体化的作用，档案管理人员只起到操作的指引作用。档案管理人员在归档的过程中，要遵守档案法和电子文件归档的相关要求，确保系统的数据安全。在开始使用网络公文传输系统时，档案业务人员需要提高归档的标准，确保工作的实际效果。二是在为档案部门提供纸质载体档案的同时，提供电子载体的拷贝，如光盘等。一些价值较高且机密程度较高的电子文件需要使用这种归档的方式，在归档过程完成后，需要使用有关的安全保护措施，要注意涉密档案的管理严谨性。

4. 档案管理

档案的形成部门可以按照国家层面的电子档案归档相关要求，开展档案的统计、查询、管理、保存、审核、接收、移交等工作。档案形成部门还可以根据自身的实际工作情况，建立起档案的资源数据库和档案检索机制，方便未来工作的开展，为使用者的借阅提供便利。

（三）电子文件网络化归档的真实性保障方法

电子文件的归档过程有四个主要阶段，包括档案内容的形成、归档、管理、利用。档案信息的真实性是电子文件归档阶段中最需要注意的内容，需要使用不同的策略。

最终电子档案的信息来源是处于现行期的电子文件，产生电子文件的产业活动工作者，需要为档案信息的真实性负责。在这个阶段，电子文件需要经过多个环节的处理，所以相关的负责人也有多个。计算机处理、日志跟踪、电子签名都是工作人员经常使用的保障性措施，在系统中记录下电子文件的产生、流转和审批过程，记录重点内容是业务的初始信息和发生变化的信息，形成多个历史记录。在文件正式签发后，在专业人员的指导下，开始文件的归档工作。在电子文件超出现行期的范围后，依然存在两个方面的风险，即人为故意修改的原因和网络黑客的侵入，会使文件中的记录发生变化。

在安全受到威胁的情况下，需要建立起一个服务于电子文件的终稿转存库，面向的电子文件类型是刚结束现行期，正处于半现行期。在转存库中，需要强化管理的技术，结合多种有效的管理措施，保证电子文件的真实性。

《中华人民共和国电子签名法》为电子文件的真实性提供了法律保障，在办公自动化系统中保存的电子文件，应该使用强化的技术对访问系统的用户身份进行辨别，签发后的文件终稿要及时加盖公章，确保文件不能被其他用户修改。如果使用网络化的电子文件归档方法，要防止黑客对文件内容进行恶意的篡改，还要注意传输过程中的安全性。

在传输的过程中，需要按照实际情况建立起专用的传输路径，确保传输过程的安全性，使用公网进行传输的用户可以使用 VPN 等技术完成电子文件的归档过程，VPN 技术包括了隧道封装技术、访问控制、身份认证、数据加密等，为信息传输提供安全的保障。介质归档适合于保密等级较高的文件。

在文件归档的过程中，档案工作人员要按照相关的规章制度和操作流程要求自己的工作，确保文件归档工作的顺利进行

档案有关专业人员主要起到监督指导的作用，避免了由人为原因产生的过多失误。《中华人民共和国电子签名法》在文件归档的过程中发挥了法律依据的重要作用，为管理系统的信息接收、综合管理等内容作出明确的规定，并明确了电子签名的使用方法。所以，档案形成部门需要提前准备好能够证实及保证电子文件真实性的内容，如具有法律效力的电子印章和电子签名。档案馆在开始接收文件前，首先对电子签名和电子印章进行验证，进行终稿和接收文件的比对；对比完成后，文件的真实性才得到了证实，才能够进行电子档案的接收工作；接收完成后，可以将文件转移到馆内的信息管理系统中，还需要做好档案的信息备份工作，将档案信息引入灾难备份数据库。

按照我国的档案法和档案保管条例，网络成为档案信息提供服务的唯一路径，如果在档案管理人员没有出现人为错误，并且按标准进行规范操作的前提下，威胁档案安全的因素来自网络黑客的恶意攻击，那么，不仅需要在平时加强对档案的安全防护，还需要在文件归档时做好文件的灾难备份，以备不时之需。

综上所述，电子文件安全保障制度在文件形成、整理、归档、管理的全过程中发挥着关键的作用，为了在环节的最终阶段保障档案的真实性，需要建立起电子文件终稿转存库和灾难备份库，虽然数据库的建立过程会消耗一定的成本，但是，数据库的实际作用是非常客观的，能够有效维护档案信息的真实性。

第三节　档案资源多元化利用

一、档案资源的社会化利用

在信息社会和知识型社会迅速发展的 21 世纪，在档案信息化建设与发展的众多方面，无论是技术手段，还是信息资源的有效积累和广泛利用，都必将以档案信息资源的整合、集成、共享、利用作为出发点和落脚点，以传承人类文明，共享信息资源，实现社会的可持续健康发展。

（一）档案资源的知识化积累

档案的形成（鉴定、收集、整理与归档）是从个体知识到组织知识，再到社会知识转换的文化积累、动态跟踪的历史记载过程，档案的开发与利用（编研、开放、发布与利用）是人类知识文明发展与创新的进程。档案的形成过程与档案的开发和利用过程是相互融合、相互发展的关系，这两个过程促进了人类文明知识的增长，构建起了符合社会发展的档案资源过程模型。档案资源的发展过程类似于工厂的生产环节（"传承—积累—发展—传承"），并呈现出循环发展的特征，这样的文化发展才是无穷无尽、生生不息的。

进入21世纪，我国的信息化建设已经深入各行各业。知识管理成为企业进步和发展的关键，为了提升产业的综合运营水平，知识管理借助信息技术的进步不断提升地位。人们对社会建设也提出了新的目标，建设"以知识为基础的经济社会"，这说明人们越来越重视知识和技术在社会发展中的作用。未来社会中的互联网将具有极高的知识性，成为人们获取知识和文化的大数据库。档案在人类社会活动中发挥着重要的记载作用，起到了记录的作用，反映出人类文化的成果，是民族文化遗产的一个重要部分。

档案也对文化传承的进程产生了重要的推动作用，正如张辑哲在其《维系之道——档案与档案管理》中所说："正是由于有了档案与档案管理，人类才能够不断地在继承中存在、发展，在存在、发展中延续，不断使自己真正成为一个连续的时空整体。档案与档案管理是人类社会时空统一性和连续性的维系之道……"。所以，档案将会成为未来人类社会的宝贵财富，持续记录并传承人类社会的成果。

（二）档案资源的共享化利用

社会信息的发展为档案信息资源的发展提供了新的机遇与空间。

美国档案学者杰拉尔德·汉姆曾对档案作出这样的论断：档案记载的内容是人类社会生活的各种方面，档案工作者需要从大众的角度出发，创造出一个具有未来发展前景的文献材料世界，档案馆藏应该是人类社会的真实反映。

所以，档案保管的最大价值在于它在社会中发挥的作用，只有面向人民群众的需要，档案才能够实现其价值。为了让档案拉进与人民群众的距离，更好地服务社会，需要对档案的资源进行集成化和数字化的管理。

为了实现档案资源共享的使用目的，首先要做的是建设起一个完善的基础数据库。在对档案进行信息化管理，建设数字档案馆前，需要建立一个基础的数据库。基础数据库能够为档案资源提供统一管理、高效检索、集成利用的功能，是我国信息化数据库建设的一个重要目标。面对科学技术快速发展、信息化程度不断加深的知识经济社会，国家也在不断建设社会服务资源库。资源库的建设是我国一项基础性的工程，起到提升城市服务、促进社会发展的作用。我国已经在四个领域的数据库建设取得了阶段性成果，这四个数据库分别为人口数据库、宏观经济数据库、自然资源数据库和法人数据库。档案记载着人类社会的发展进程，为了促进档案的开发和利用，我国正在全力建设信息资源体系，档案基础数据库就是其中的一个重要内容。

在不同等级档案馆为大众提供信息服务的过程中，档案基础数据库发挥了重要职能。为了更好地整理档案信息资源、发扬民族的文化、提高人民群众的集体素质，档案基础数据库的建设与完善工作迫在眉睫。

我国的一些省级和市级档案馆进行了数字档案馆的相关工作，从不同地区的资源利用需求出发，对元数据的格式进行检索，设定了档案的目录中心，为一些开放程度较高的档案信息提供服务。这些档案馆的信息化建设符合时代的需求，能够为其他档案馆的建设提供可以借鉴的经验。以福建省的档案馆建设为例，其基础数据库的建设以分布式数据库的建成为条件，借助了单机和局域性网络的作用，将多种数量的分布式数据库联系在一起，建立了档案目录和档案内容的双重数据库形式。但是，建立起了较为完善、系统、能够为公众提供信息检索服务的档案馆还是少数，大多数档案的基础数据库建设存在不足，仅能够满足一些有限主题的搜索需要，面向的用户数量也较少。数据库建设的不足会导致档案信息资源缺少规模化的组织，信息结构不能形成完整的形式，档案数据不够完整，不能实现用户间的共享，如果档案信息资源始终不能形成一个统一的数据库形式，那么就不能为其他档案的建设提供资源整理、组织、储存的新思路和新技术。而且非结构化、海量的数据库建设技术以及与知识管理有关的技术，都还没有在档案信息化领域中得到推广，技术使用中存在的不足不能满足档案基础数据库建设的需要，导致档案资源缺乏统一的集成化管理，档案资源的使用与共享等环节会受到一定的限制。

目前，档案馆信息化的基础性工作是，开发出适用于基础数据库建设的建设思路和方法、格式化规范和元数据标准集，从不同类型的档案数据的整合需要出发，研究数据组织和利用的重要技术，为资源的整理与使用提供高效的机制。

（三）档案信息服务机制变革

在社会信息化发展的背景下，档案馆信息化建设走向了一个新的阶段。档案信息的服务将突破过去传统的方式，以多元化为目标进行创新的服务。

1. 服务方式由被动性向主动性转变

档案信息服务改变过去被动式的服务，提升档案信息服务的积极性。在过去发展时期中，"等客上门"是最常使用的档案信息服务方法。这种传统且单一的服务方式已经不能满足社会发展的需要，档案信息的使用价值受到了服务方式的局限，将档案信息价值实现的可能性降低了。档案的具体特性决定了档案信息服务采用的方式，根据《中华人民共和国档案法》的相关规定，不能使用"送货上门"的方法，需要使用"请客入门"的服务方式，以下三条是这一方式的具体措施。

①从档案利用人员的实际需求出发，为其提供档案的相关信息，如果想要深入地研究不同类型利用人员的实际需求，就需要扩大研究的范围。

②在社会层面开展档案的科普工作，如果社会大众对档案缺乏充足的认识，信息利用就缺乏客户的资源。

③使用不同类型的档案信息利用方式，设计多种类型的检索工具，构建出一个多样化、高效率的检索系统；注重对档案信息的编辑和研究工作，及时将研究成果公开和共享，实现档案信息的社会公开系统，让档案利用人员更加方便快捷地接触到各类档案信息。我国一些城市已经出现了信息中介服务机构，还需要在全国范围内进行推广。

2. 服务手段由传统型向现代化转变

档案信息服务的手段在多类型信息技术的发展背景下不断丰富并发生了巨大的变化。从其他领域数字化发展的经验中可以发现，数字化综合管理信息系统是档案管理现代化的重要实现形式，这一系统可以利用数字化的形式将不同类型、不同地域的档案信息集合在一起，使用对象管理为基础的模式管理，使用网络连接的方式将档案信息组合在一起，提高信息服务的工作效率，实现档案信息的数字化管理。我国经济和技术等条件还存在着不足，这些基础性的条件对档案管理数字化的发展有了一定的制约作用，档案信息传播方式需要从传统的服务方式中获得可以借鉴的经验，结合新的技术和手段获得进步和发展。

3.服务内容由单一型向多元化发展

档案信息资源服务会在不同机构信息资源联系日益密切的基础上得到充分发展，信息服务的范围将不断扩大，如档案用户的教育培训、档案信息的数字化开发与提供利用、档案信息资源的网络导航、档案信息资源网络化组织管理等。在对档案利用人员开展培训时，要为档案利用人员提供传统档案检索的教学与培训，要根据时代和档案信息的发展情况，为利用人员提供数字化档案信息资源的使用教学，包括从数据库的合理选择开始，一直到档案信息获取和操作信息软件等内容的教学。

档案信息和其他种类的文献信息存在着较大的不同，主要有三个方面，分别是采集方式、检索方式和组织方式，而且档案信息内容复杂、操作的难度高，这些特点对利用人员的操作能力提出了较高的要求，但是，我国相应的档案信息使用人才数量不足，所以在提供档案服务时，需要培养利用者的基础使用能力。

（四）档案文化产业的形成与发展

20世纪50年代，文化产业在一些发达国家中出现并受到欢迎，文化产业的发展时间并不长。文化产业属于新兴产业的范围，在社会物质文明不断发展的背景下，人们开始追求精神上的满足与享受，精神方面的娱乐与活动成为人们生活的重要组成部分。

虽然我国文化产业的发展时间较西方发达国家来说较晚，但是，在众多行业已经形成了一套成熟的产业运作体系。这说明我国国民经济的发展可以借助众多文化产业的力量。

在现代社会中，知识经济已成为经济发展的重要发展方向，档案作为社会中重要的信息资源构成，其档案的工作模式发生了新的变化，档案文化的发展出现了新的机遇。档案信息因其凭证性、信息性、价值性、知识性而具有了极高的社会价值，成为社会性的文化资源内容，档案文化产业形成的前提条件是潜在的社会需求。本书从文化产业的发展脉络和档案文化产业的发展前景，对档案文化产业的基础环节进行分配和协调处理。

收集和整理、鉴定和归档业务是档案文化产业链的生存基础。不断积累和丰富的档案，随着社会的发展和时间的推移，成为宝贵的社会资源，深挖掘、细加工和全方位的开发利用，是档案资源价值增值的基本手段。

因此，专业化的编研与开发是产业链活动过程中最重要的内容之一，是将档案资源转变为文化产品的重要环节。商品化运作是人们认识档案文化产品的根本途径。只有经过流通环节，档案文化产品才能变成人们熟知的商品，才能被消费、被吸收并产生更高层次的需求，这是产业链能否形成的核心因素。需求流（即市场信息流）、资源流和资金流贯穿档案文化产业发展的全过程，缺一不可。

档案文化产业链中每个环节点上的活动都可以自成体系，各个环节协调运作是档案文化产业链持续存在和良性发展的基本保障。档案文化产业的发展与壮大，将会增强人们对档案资源的认知度，吸引更多的投资者，借助于档案文化产品产生越来越多的社会和经济效益。全球经济一体化使档案文化产业的形成具备了充足发展的条件，但要真正发展起来，形成以档案文化产品为服务对象的产业化服务，还需要根据我国档案事业发展的具体现状，适时、适度地开展，需要看档案从业人员和相关领域的工作人员能否抓住机遇，迎接挑战，开展各项有益于社会发展的档案文化宣传和利用活动。

当前，我国的档案事业已经在以公益性档案服务事业为主的基础上，开始了商品化档案文化产品市场的开发与发展，这是适应全球经济发展的重要举措。然而，为适应社会的进步与发展，我们还需要进一步在档案事业和档案科学领域中不断地探索和思考，不断地创新和发展。

现行的档案上制度、馆藏优化工作是长期未解决的重大课题。信息化工程的实施，可以将档案的实体管理与信息管理实现物理分离，改变或取消多年沿袭的档案上解制度，仅此一举，就能为档案工作节约巨大的人力物力。在目前情况下，档案信息的网络服务能从根本上打破多年来档案重保管、轻服务的现状，从根本上改变人们对档案工作的认知程度，这对开发档案信息资源意义十分重大。我国信息化的理论和实践都证明，在实现管理机构的扁平化、提高行政效能等方面，信息技术起着重要的能动作用。就行业特点来讲，档案是发挥信息化功能的最好应用领域之一，依靠信息决策依然是档案高层管理的主要理念，特别是办公自动化与电子文档管理的集成，现在和将来都是政务与企业信息化的重要方面。档案信息又成为各类数据仓库与决策支持系统的基础数据组成部分，为电子政务所必需。

二、馆藏档案数字化应用

为适应公众网络化查档和档案信息化管理的多元化需求，馆藏档案数字化和开展档案数字化应用系统的建设，已成为现代档案管理的一项重要内容，对档案工作者而言，这是一项全新的任务，需要在充分认识到馆藏数字化重要性和必要性的基础上，采取有效的策略和方法，开展馆藏档案数字化系统的建设和有效使用。

（一）馆藏档案数字化的意义和任务

中共中央办公厅、国务院办公厅联合发布的《关于加强信息资源开发利用工作的若干意见》中明确指出："各级党政机关、企事业单位要充分认识信息资源开发利用工作的重要性，加强政务、企业、产业等信息资源的开发与利用，充分发挥信息资源在信息化建设中的重要作用。"国家档案局在《关于加强档案信息资源开发利用工作的意见》中明确指出："档案信息资源的开发与利用是现代档案工作的重中之重。"档案作为一种特殊的文化资源，是国家信息资源的重要组成部分，它的开发与利用具有非常广泛的社会价值和实际意义。馆藏档案数字化工作主要包括两项任务：一是将传统载体档案目录进行数字化。二是将档案内容进行数字化。档案目录数字化的主要工作是对载体档案进行编目，并将目录信息录入到计算机系统中，建立档案目录数据库，利用管理信息系统实现档案目录数据的计算机化管理和目录信息的资源共享。

档案内容数字化的主要工作是将馆藏的纸质、照片、录音、录像、缩微等档案通过扫描、加工、处理（包括去污处理、图像处理、OCR 识别等），转变为文本、图像、图形、流媒体等数字格式的信息，存储在网络服务器中，利用计算机及信息系统提供查询、检索和浏览服务。

（二）馆藏档案数字化的思路与方法

"一切为了用"是开展馆藏档案数字化的主要目的。这就说明了档案馆工作人员不仅要开展档案目录信息的著录、馆藏档案内容的数字化加工与扫描，更需要建立一整套完整的综合业务管理信息系统,加强数字化后的档案信息的利用服务工作。由于馆藏数字化需要花费大量的人力、物力和财力,加之数字化加工过程对档案原件会有或多或少的损害,所以,不能盲目地赶潮流、追先进、不分先后、不讲策略地将馆内所有档案逐渐进行数字化[①]。

1. 做好馆藏档案数字化的前期基础工作

需要对哪些档案进行数字化、采取什么方法来开展、数字化加工需要购买哪些设备,还需要做哪些准备工作以及如何做等,都是馆藏数字化的前期基础性准备工作。

(1) 做好可行性论证

要根据档案利用的需要、资金情况、馆内人员知识结构、馆内软硬件平台、馆内信息化应用现状等基本状况,在充分了解和认识馆藏档案数字化系统建设的复杂程度和技术要求后,做好馆藏数字化系统建设的可行性论证工作,确保系统建设自始至终不被中断,确保数字化后的档案信息能够真正使用起来,见到实效。

(2) 选择数字化加工方式

数字化是保管档案过程中所做的一项技术性较强的现代化处理工作,这对习惯了传统管理工作的档案工作人员来说,具有较大的难度。

因此,需要提前做好规划,明确系统建设的实施方案。方案内容主要包括:馆藏档案数字化系统分几个阶段完成,每个阶段的任务和目标是什么,应对哪些档案做数字化加工和处理,数字化加工处理过程中的安全控制、进度控制、质量控制和成本控制等过程中应采取的方法与策略,数字化后的档案信息如何与现有的计算机信息系统实现集成,如何发布档案信息以提供利用,如何解决备份和长久保存等问题,这些都需要提前做好解决方案,并在档案工作人员和数字化加工协作人员之间达成共识后,才能开始工作。边加工边讨论的方式只能导致工期拖长、见效缓慢、安全性保障难,甚至导致项目失败。对馆藏结构、馆藏量、馆藏利用量、馆藏档案年度、馆藏档案受损情况、档案存储介质、各存储介质的寿命等综合因素进行深入的分析,围绕档案永久保存特点、用户快速查档和高频查档的要求进行深入的研究,按照档案利用率和档案的紧急保护程度对库房档案进行量化分析,获得按年、季、月进行排序的需要进行数字化处理的档案案卷数量、

---

① 于瑛甫.加强馆藏档案数字化建设的方针、方法与原则[J].陕西档案,2004:18-19.

纸张数量、纸张大小，以及声像和缩微胶片的档案数量等，以此来提出对购买设备的种类、数量和性能的要求。如果档案馆内有缩微品档案且数量比较大，以后还会有进馆的缩微档案，那么就需要考虑是否在馆内购买缩微扫描仪，以解决长期的缩微品数字化的问题；如果数量很少而且以后也不会有缩微档案进馆，那么就不需要购买专用设备，可以考虑采用一次性的外协加工方式。录音、录像档案数字化方案也应采用同样的分析方法，根据具体情况考虑是否需要购买专用设备并建立数字化加工流水线等事项。

多数档案馆藏以纸质档案为主，因此，有必要建立纸质档案的数字化加工流水线。当然，各档案馆（室）也可以根据自己的实际情况，不购买扫描设备，采取分批分工的外协加工方式，只需要将加工后的数字档案信息进行科学管理、利用信息系统提供服务利用。这也是一种推荐的馆藏档案数字化加工的解决方案，特别是在数字化加工量比较大时，即便是在馆内建立数字化加工流水线，如果没有聘用足够的扫描加工工作人员，那么单靠档案馆内部工作人员很难在短时间内完成加工任务，达到良好效果，而专业化外包加工服务，能够在保障质量和安全的前提下快速完成任务。

（3）筹备和落实资金

数字化加工的任务单靠档案馆的人力很难完成，需要采取商业化的运行模式或外协加工。在加工完成后，需要购买网络化存储设备提供档案信息服务与利用，需要购买各种存储介质进行数据备份，数字化加工过程，还需要购买保障安全的监控设施和扫描设备，系统实施后，还需要聘用系统管理和数据管理人员开展大量运行与维护工作。建立馆藏档案数字化系统需要的资金大概有以下几个部分：

①扫描并且进行全文数字化加工的费用。

②数据发布系统的购买费用包括：全文检索、模糊检索、多分类系统、图文关联、元数据编辑器等功能。

③购买服务器的花费。

④进行馆内人员培训、引进网络管理员和系统管理员等都需要资金。

因此，在进行馆藏档案数字化前，应在资金准备上给予充分重视。

2.确定数字化加工的协作模式

档案内容数字化工作包括数字化预加工和深加工两步。预加工能够将纸质档案、照片档案、缩微胶片等转变为电子图像文件，不能将纸质档案上的文字信息进行完全处理。深加工是利用技术含量较高的 OCR 和语音识别等处理技术，获取载体档案中的文字信息，以利于提供全文检索。馆藏档案数字化工作量大，涉及扫描加工、图像处理、数字信息存储与管理、OCR 自动识别等技术，仅依靠档案部门的力量开展系统建设是很困难的事情，为了解决这些难题，档案馆要做好以下几项工作：

①在系统建设之初开展需求调研与分析，考虑需要购买哪些硬件设备和软件支撑系统以及系统，能够实现的自动化程度等，这必然需要开展大量的咨询、诊断和分析等工作，聘请有经验的、开展数字化加工的专业服务机构，来协助档案馆开展系统规划是非常必要的。

②开展数字化加工，要建设一个能够支持加工过程各环节进行数据管理的信息系统，再基于该系统有条不紊地开展工作，只有熟练操作和使用各类数字化设备的加工服务人员，才能确保工作的有序开展。

③数字化加工完成后，生成的各类电子图像、原文信息、档案目录数据等都需要做关联处理，需要以光盘或网络存储方式进行发布。信息发布是一个系统，需要专门开发，如果采用成熟的软件会大大缩短数字化后档案数据的呆滞时间。目前，市场上开展数字化加工的专业信息技术公司，已经在信息系统建设、加工流水线、安全保障等方面开展了大量工作，积累了较为丰富的经验。借助于这些信息公司的力量，来开展馆藏档案数字化是一个省时、省力、省钱且相对安全的高效方式。

3. 保障数字化档案信息的真实性

在馆藏档案数字化过程中，数字化档案信息的真实性、完整性保障，主要体现在档案实体的扫描加工和档案目录的数字化两个方面。

（1）扫描加工过程中的真实性保障

在馆藏数字化档案信息形成、管理和提供利用的过程中，制定保障档案信息真实性的规章制度是重要的管理措施，各个阶段的安全保障侧重点不完全相同。

在数字化加工的档案信息形成阶段，加强对数字化加工人员的管理是重要的，其中最重要的是不允许将档案带出加工基地。

另外，数字化承包商为了保证信誉需要制定严格的加工基地管理措施，多采用半军事化管理，流程化、自动化和岗位责任制等用以强化管理、反抄袭的管理模式，杜绝档案信息在处理过程人为外泄。在档案信息形成阶段，信息真实性的风险表现为技术上的不成熟因素，如扫描过程信息丢失，图像到文字转换过程中产生错误识别等因素，因此，采取较高的技术手段能完全可以保障信息真实性。

由于每个过程、每个岗位都会将数字化后的档案信息与档案原件进行比较，而且参与加工的人员主要从事体力劳动，一般不雇用文化程度较高的人员，他们对档案不了解，因而，这个阶段档案信息真实性的保障采取先进的技术手段来减少误差。

在数字化档案信息的管理和提供利用阶段，与电子文件归档后进入该阶段的管理相类似，利用灾难备份库对新形成的馆藏数字化后的档案信息进行备份，在管理和提供利用的过程中加强网络安全管理，提高档案馆内部管理人员操作的规范性和管理工作的程序化，制定自动核对计划，确保档案信息的真实性。

（2）数字化档案目录信息的真实性保障

数字化档案目录信息一般都存储在数据库文件中，它的安全性主要取决于数据库管理系统自身的管理能力，它的真实性主要取决于档案管理员"依法管档"的严格程度。

这一部分数据是管理人员根据档案原件提取出来的，用来描述档案原件核心内容的元数据信息（可能是电子文件自动归档过程中，通过预先设定的规则自动生成的、描述文件属性的元数据信息），这一部分信息不像档案原件那样具有凭证性作用，只是为了方便管理和快速检索形成的，在以后的管理过程中某些信息可能会改变。因此，它的真实性不像人们对档案原件数字信息的要求那样高，为了不产生负面影响，要求档案目录信息的著录人员应依据档案管理学理论，按照档案著录的标准和规范严格要求自己，严格保障目录信息的真实性，更有效地提高档案的检索和利用效率。

参考文献

[1] 陈兆祺.档案管理学基础[M].北京：中国人民大学出版社，2005.

[2] 邓绍兴，陈智为.档案管理学[M].北京：中国人民大学出版社，2005.

[3] 何屹.档案管理实务[M].北京：北京大学出版社，2010.

[4] 陈琳.档案管理技能训练[M].北京：机械工业出版社，2009.

[5] 马长林，宗培岭.档案馆信息化建设探论[M].上海：上海社会科学院出版社，2006.

[6] 徐华.档案信息化建设实验教程[M].北京：北京师范大学出版社，2012.

[7] 韩东.档案信息化建设若干问题研究[D].吉林：吉林大学，2011.

[8] 郭彤.浅谈电子档案的应用和管理[J].信息与电脑（理论版），2011（06）：135+137.

[9] 马仁杰，张浩.论社会转型期档案信息化与档案信息伦理论建设[J].安徽大学学报（哲学社会科学版），2011，35（01）：145-150.

[10] 方昀，郭伟.云计算技术对档案信息化的影响和启示[J].档案学研究，2010（04）：70-73.

[11] 李肖军.档案信息化安全体系建设研究[D].保定：河北大学，2010.

[12] 项文新.档案信息安全保障体系框架研究[J].档案学研究，2010（02）：68-73.

[13] 夏燕玲.档案信息化建设与档案管理的几点思考[J].云南档案，2010（03）：29-31.

[14] 丁立新.档案信息化的发展趋势[J].档案学研究，2009（04）：12-14.

[15] 吴建华，刘明，王斌，等.中国档案网站建设概况与重点分析[J].档案学通讯，2008（04）：50-54.

[16] 樊如霞，郑志荣.影响数字档案信息安全的因素与对策[J].档案学通讯，2007（06）：73-77.

[17] 张照余，吴品才.档案信息化建设现状、问题与对策[J].档案管理，2007（06）：10-15.

[18] 张勇.数字档案信息安全保障体系研究[D].苏州：苏州大学，2007.

[19] 许桂清，王志.信息化变革档案管理探析[J].中国档案，2006（03）：7-8.

[20] 王朝阳.档案信息化管理的优势及安全问题[J].华北水利水电学院学报（社科版），2006（01）：29-31.

[21] 倪丽娟.档案信息资源的整合与信息化[J].中国档案，2005（12）：27-28.

[22] 蒋冠.网络环境下档案信息资源整合研究[D].湘潭：湘潭大学，2005.

[23] 熊志云.档案信息资源的整合趋势及整合措施浅议[J].档案学研究，2005（01）：29-33.

[24] 孟世恩，王颖，何芳.对我国档案信息化建设实施的理论思考[J].档案学研究，2004（05）：29-32.

[25] 何玲.档案信息化建设相关问题的探讨[J].档案学通讯，2004（05）：37-40.

[26] 彭荣.档案信息化建设的几点思考[J].档案学通讯，2004（01）：47-49.

[27] 周玲.对档案信息化建设的思考[J].档案学通讯，2003（06）：22-25.

[28] 倪丽娟.信息化背景下的档案信息资源开发[J].档案学通讯，2003（04）：79-82.

[29] 周毅.全面准确地认识档案信息化建设[J].档案学通讯，2002（04）：8-10+7.

[30] 陈明洁.大数据时代对档案现代化影响和要求[J].档案管理，2013（06）：48-49.